JN438523

변산곶 부안 고을

변산곶 부안 고을

최상구 제8시집

부안 고을 개략도

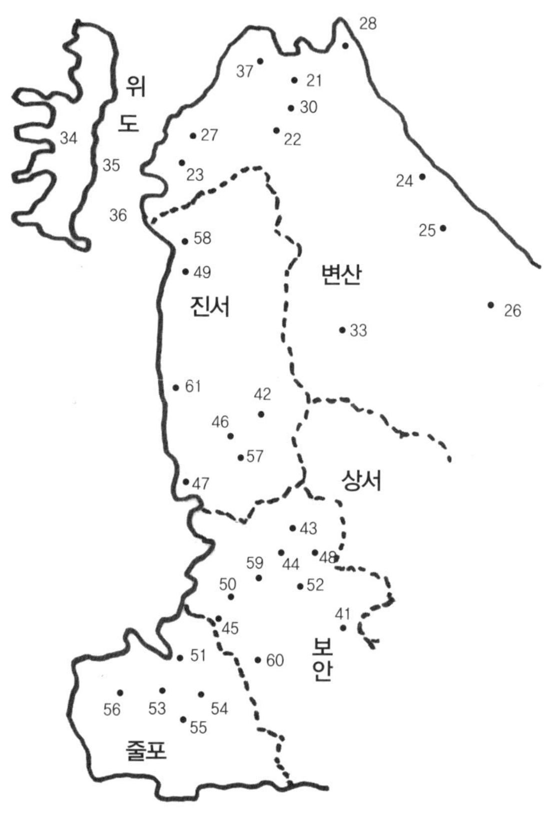

1. 간재로艮齋路 2. 감교리甘橋里 3. 개암사開巖寺 4. 계화도界火島
5. 군개軍浦나루 6. 농민상담소 7. 농업기술센터 8. 농촌테마공원
9. 덕림德林보건진료소 10. 동학혁명창의비 11. 부안농공단지 12. 부안테마동물원
13. 사산서원士山書院 14. 쌍조석간당산 15. 우금산성禹金山城 16. 장밭들
17. 진동리眞洞里 18. 청계서원清溪書院 19. 청림青林천문대 20. 타루비墮淚碑
21. 격포格浦 22. 금구원金丘苑 23. 모항茅項 24. 변산마실길
25. 변산해수욕장 26. 부안댐 27. 솔섬 28. 수성당水城堂
29. 신재생에너지테마파크 30. 영상테마파크 31. 옥녀봉玉女峰

32. 우각봉牛角峰
33. 월명암月明庵
34. 위도蝟島
35. 위도굿
36. 임수도
37. 전라좌수영세트장
38. 풍력발전소
39. 해창海倉
40. 효충서원效忠書院
41. 남포리南浦里
42. 내소사來蘇寺
43. 대불사大佛寺
44. 반계서당磻溪書堂
45. 보안保安장터
46. 석포리石浦里
47. 염전鹽田
48. 우동리牛洞里
49. 운호리雲湖里
50. 유천서원柳川書院
51. 자연생태공원
52. 정사암靜思庵
53. 줄포茁浦
54. 줄포茁浦농공단지
55. 줄포茁浦우체국
56. 줄포茁浦저류지
57. 진서鎭西보건지소
58. 진서마등초교
59. 청자靑磁박물관
60. 효자비孝子碑
61. 휘목미술관

성내城內마을 개략도

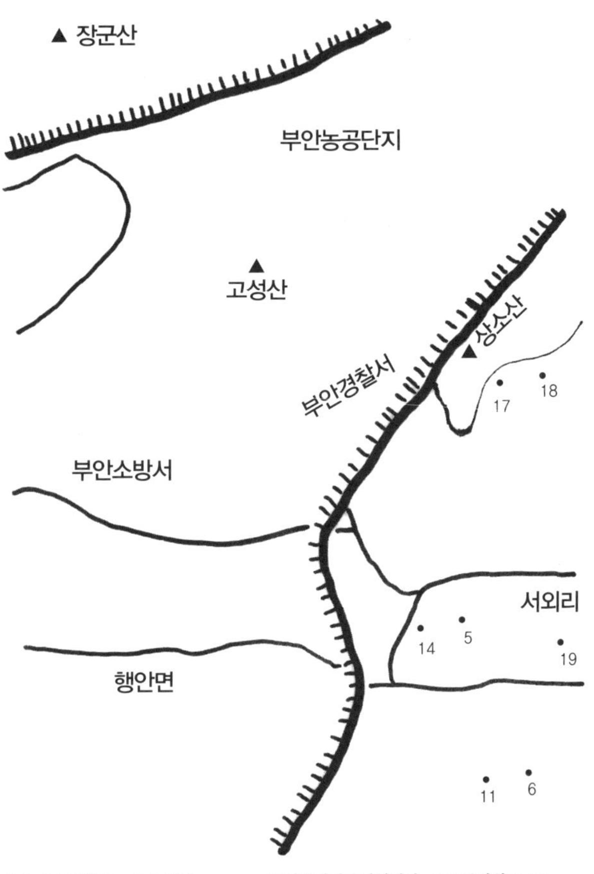

1. 노인요양병원	2. 노휴재老休齋	3. 다문화가족지원센터	4. 도동서원道東書院
5. 마실영화관	6. 매창공원梅窓公園	7. 부안교회	8. 부안국악원
9. 부안군민신문	10. 부안군청	11. 부안문화원	12. 부안상설시장
13. 부안여객	14. 부안예술회관	15. 부안읍성	16. 부안조류보호협회
17. 부안향교	18. 부안향교대성전	19. 서외리西外里	20. 석정夕汀문학관
21. 취성재聚星齋	22. 학당學堂고개		

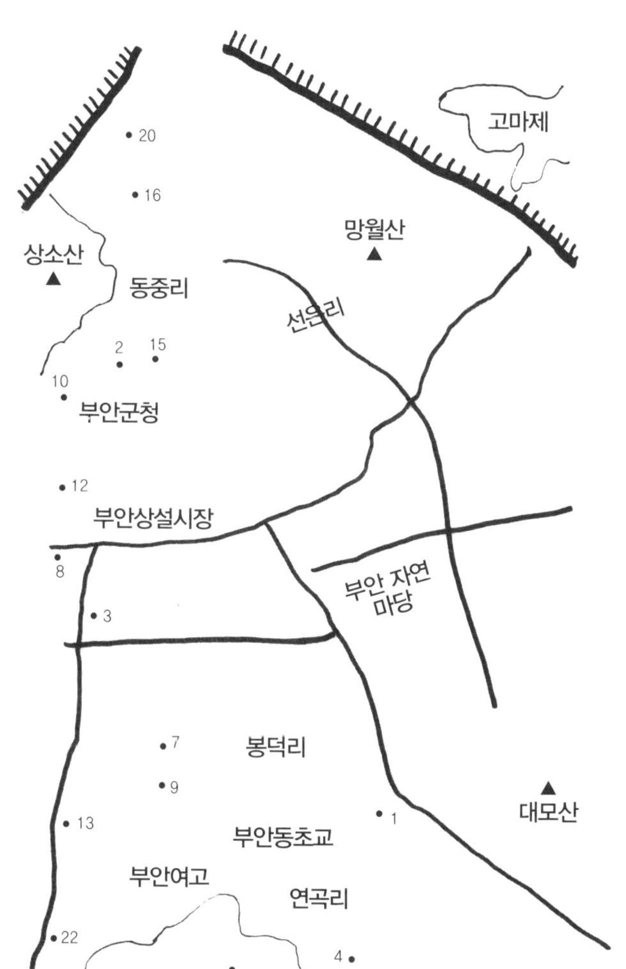

고마제
20
16
망월산
상소산
동중리
선은리
2
15
10
부안군청
12
부안상설시장
8
부안 자연
마당
3
7
봉덕리
9
대모산
1
13
부안동초교
부안여고
연곡리
22
4
21

부안 고을 예찬禮讚

부안扶安은 우리나라 서해안 변산邊山곶의 요충 도시이다. 부안은 동쪽으로는 정읍시의 이평, 영원, 고부와 맞닿아 있고, 서쪽으로는 중국의 산동성을 연결하는 서해를 바라보고 있으며, 남쪽으로는 곰소만을 사이에 두고 고창군과 맞닿아 있고, 북쪽으로는 동진강 하구를 사이에 두고 김제시와 맞닿아 있다.

부안은 노령산맥이 남쪽으로 서해안을 따라 꼬리를 길게 늘어뜨리고 있는 자리에 놓여 있다. 산맥의 안쪽을 '내변산內邊山'이라고 부르고 산맥의 바깥쪽을 '외변산外邊山'이라고 부른다. '내변산'이라고 부르는 산맥 안쪽에서는 산촌 사람들이 산에 기대어 농사를 지으며 생활하고 있고, '외변산'이라고 부르는 산맥 바깥쪽 해안가에는 어부들이 바다를 의지해 고기를 잡으며 생활하고 있다.

부안에는 아름다운 평야와 산과 바다가 모두 갖추어져 있어서 여기에서 살고 있는 사람들은 유순하고 자애롭고 후덕한 성품을 갖고 있으며 서로가 서로를 돕는 자리이타自利利他의 풍요로운 삶을 영유하고 있다.

부안 사람들은 일찍이 의로운 일에 먼저 나서서 활동하였다. 임진왜란, 동학혁명, 3·1운동, 민주항쟁, 환경 보전 운동 등 국가와 민중의 안위가 위태로워지면 애국심과 희생정신을 발휘하여 과감하게 불의에 항거하여 싸웠다.

부안은 예로부터 멋과 예禮와 흥興이 넘치는 곳이다. 보안의 도요지에서는 순청자, 상감청자, 백자, 상감백자 등 예쁜 도자기들이 구워져 나오고, 지포서원止浦書院, 간재서원艮齋書院, 반계서원磻溪書院에서는 뜻 있는 많은 학동들이 학문과 예를 닦았으며, 위도의 바다에서는 만경창파의 구성진 풍요제와 띠뱃놀이가 벌어졌으며, 능가산 기슭에서는 매창梅窓과 석정夕汀의 시詩를 읊는 소리가 두메산골 가득히 낭낭하게 들려오곤 하였다.

지금도 부안 사람들은 부안을 아주 멋스럽고 고풍스러운 도시로 자랑스럽게 생각하고 있으며 그들이 살고 있는 부안을 보다 더 편안하고 아름답고 살기 좋은 도시로 만들기 위해 열심히 노력하고 있다.

詩集《변산곶 부안 고을》를 내면서

나는 젊은날 바다가 보고 싶어지면 부안을 찾았다. 당시에는 전주에서 부안은 멀고도 멀어 직행버스를 타고 2시간 정도는 가야만 했다. 찜통같은 버스를 타고 가야했지만 그래도 광활한 바다를 볼 수 있다는 기대감으로 참고 갈 수 있었다. 젊은 날 친구들과 돈을 아끼기 위해서 변산해수욕장에서 격포 채석강까지 30리 신작로 길을 도보로 걸어갔던 기억이 생생하다. 그 시절 가장 값싼 잎담배 '남대문南大門'을 입에 물고….

내변산 내소사來蘇寺에서 외변산 곰소까지 배낭 하나를 달랑 메고 능가산楞伽山을 넘어 보헤미안이 되어 터덜터덜 산길을 넘던 푸르디푸른 젊은 날의 기억도 되살아난다. 왠지 막히지 않고 툭 터져 있다는 인상을 받는 변산곶, 긴 산길과 해변을 따라 걷다 보면 내가 가는 것인지 길이 가는 것인지를 분간할 수 없는 무아지경에 젖어들곤 하였다.

난 지금도 살다가 가슴이 답답해지면 부안을 찾

는다. 여기에는 내가 좋아하는 산과 들과 바다가 있기 때문이다. 나는 나 사는 곳 가까이에 이렇게 아름다운 산과 들과 바다가 함께 있어 얼마나 고마운지 모른다. 봄산이 주는 생명감, 여름산이 주는 정열, 가을 산이 주는 쓸쓸함, 겨울산이 주는 깨끗함이 있고, 하늘을 향해 죽죽 늘어선 나무들, 사시사철 콸콸 떨어지는 폭포수, 출렁이는 바다, 광활한 갯벌, 끝없이 펼쳐진 넓은 평야 그 어느것도 내 인생의 수련 과정에 영향을 미치지 않은 것이 없다고 생각된다.

난 나이 먹어서도 여전히 자식이 어머니 품을 그리워하듯 부안을 찾고 있다. 그것은 나에게 늘 감동과 편안함을 주는 우리 고장 부안이 나의 마음의 고향이기 때문이다.

끝으로 이 책을 내는 데 많은 도움을 주신 부안군청, 부안사랑, 그리고 인터넷 블로그의 부안 관련 저자 여러분들께 심심한 감사의 인사를 올린다. 그리고 나의 삶을 늘 밝은 곳으로 인도해주시는 나의 어머니, 나의 형제들, 나의 아내, 나의 아이들, 나의 친구들, 나의 독자들에게 진한 감사의 인사를 올린다. 아울러 나의 여덟 번째 시집을 정성들여 만들어 준 신아출판사에게도 감사의 인사를 전한다.

2021년 辛丑 元旦

靜天 최상구 올림

| 목차 |

2부_ 성내城內마을

3부_ 안골 강마을

4부_ 갯바람터

5부_ 소금밭

제1부

• • •

변산邊山곶

변산곶 1

— 산 —

산은 안고 있다.
능가산, 내변산, 감남산, 우금산, 석불산,
계화산, 도제봉…
작은 산과 큰 산이 서로 얼싸안고 있다.
산에 사는 것들이 불편함을 느끼지 않도록
서로 얼싸안고 있다.

산은 품고 있다.
합다리나무, 노름바래기버섯, 구슬이끼,
꼬까울새, 홍다리사슴벌레, 하늘다람쥐…
봄, 여름, 가을, 겨울이 다 가도록 산은 작
은 생명의 씨앗들을 소중히 품고 있다.

산은 듣고 있다.
아랫마을 노인, 버섯집 아들 삼돌이,
키르기스스탄 새댁, 물방앗간 아줌마, 누
렁이, 멍멍이, 염소, 닭…

산은 산 식구들이 하는 이야기를 귀 기울
여 가만히 엿듣고 있다.
작은 실바람에도 흠칫 놀라며,

변산곶 2

—바다—

바다여, 너는 아느냐?
네가 가슴 아픈 이들의 큰 위로처가
되고 있다는 사실을,
바다여, 너는 아느냐?
아직도 많은 사람들이 잘 넘어가지
않는 밥을 먹고 잘 넘어가지 않는
숨을 쉬며 마음 편치 못한 삶을 살고
있지만 그래도 너를 볼 수 있다는
위안 하나만으로 살고 있다는 사실을,

바다여, 너는 아느냐?
오늘도 네 안에는 새우, 명태, 거북이,
미역, 파래, 뱀장어, 문어, 조개 모두
모두 피신해와 지겹게 반복되는 삶의
권태를 그들만의 방식으로 닦아내며
살고 있다는 사실을,

멀리 물러났다 옛 친구처럼 다시 돌아
와 네가 사는 이야기를 구어체口語體
로 들려주는 바다여,

바다여, 너는 아느냐?
살아있는 모든 것들의 타들어가는 속이
네 가슴 속 그곳과 별반 차이가 없음을,

변산곶 3

— 고인돌 —

보기만 하여도 엄청나다고 느껴지는 돌,
그 돌을 올려놓은 사람들의 의중을 생각해
보라.
그 돌을 올려놓기 위해 궁리하는 사람들의
표정을 떠올려보라.
수억 년을 떠받치고 있는 받침돌의 고뇌를
짐작해보라.
팔월 뙤약볕 아래 내리고 있는 긴 휴면休
眠의 틈을 살며시 벌려보면 그 돌을 올려
놓은 사람들의 손 냄새가 아직도 풍겨오고
있지 않는가?
완성됨에 환호하던 사람들의 함성이 들려오
고 있지 않는가?
그 모든 것들이 균형均衡으로 자리 잡고
앉아 여길 찾는 사람들의 머릿속으로 순식
간에 옮겨가는 순간이동瞬間移動의 기이

한 현상을 보라.

어제와 같은 오늘이 수십만 번 계속되도록…

변산곶 4

— 능가산楞伽山의 봄 —

세상 길 오가다 눈이 맞아 함께 살았네.
이 사람 저 사람 찾아다니며 재보고 맞
춰보고 하지 않고 좋은 사람 만나 그냥
살았네.
서로가 안드로메다, 페르세우스에서 날아
온 공주님, 왕자님으로 알고,

능가산 보리수 아래 맑은 물 한 그릇 떠
놓고 관음봉 바라보며 굳은 언약을 하였
네.
"검은 머리 파 뿌리 되도록 서로 사랑하
며 살겠노라고,"

가마소 골짜기에서 하늘 보며 살았네.
냉장고, 텔레비전, 세탁기, 전자레인지도
없이 딸 아들 하나씩 낳아 '산들' '바람'
이라고 이름 짓고 열심히 노력하며 성실

하게 살았네.
찬란한 미래에 대한 꿈을 키우며,

어느덧 검은 머리에 흰서리가 지고 주름은 고드름 되어 줄줄 맺히는데, 아이들은 자라서 다시 어른이 되었고, 정신없이 달려가는 인생길 한켠에는 따사로운 봄 햇살이 내려 쪼이고 있네.

변산곶 5

— 은행나무 —

님은 갔습니다.
노란 은행잎을 따 주었던 고운 기억을
남기고 은행잎을 함께 밟았던 예쁜 추억
을 남기고 은행나무 가로수 길을 따라서
나와의 약속을 뿌리치고 떠나갔습니다.
님은 갔습니다.
사랑하는 나의 님은 갔습니다.
소슬바람이 불 때마다 바람에 이는 님의
영상을 봅니다.
먼 과거로 흘러간 님과의 인연因緣을
생각합니다.
지금은 다 타버려 재가 되어버린 구름무
지개 같은 그 님과의 사랑 이야기를…

변산곶 6

— 흐름 —

가랑비가 옵니다.
물안개 지는 허공에 살색 무지개가 떠
다닙니다.
작은 물방울들이 아름답게 떠다니다가
내림의 물줄기로 떨어집니다.
물줄기가 흘러흘러 작은 고랑을 만들고
실개천을 만듭니다.
모여모여 흘러가는 시냇물,
어디로 흘러가는 흐름일까요?
갈 곳 몰라 하는 나그네의 발길을 묶
는 흐름들이여,
그대들 향함은 나를 어디로 인도하는
아라비안나이트*의 숨은 그림인가요?

* 아라비안나이트: 6세기경 페르시아에서 전해지는 천일 동안의 이야기를 아랍어로 기술한 설화.

변산곶 7

— 동진강 처녀 —

동진강 강바람이 포구에 불면
열아홉 처녀 가슴 물결이 인다.
물새는 하염없이 울어 에는데
떠나간 우리 님은 어디 계실까?
그리워 불러보는 동진강 처녀.

동진강 유채꽃이 강가에 피면
수줍게 여민 가슴 보고픔 뜬다.
사랑은 꽃잎처럼 피어나는데
온다던 그님은 소식도 없네.
못 잊어 눈물짓는 동진강 처녀.

변산곶 8

— 파도 —

햇살이 썰물을 타고 검은 돌 해변을 맴돈
지도 오래이다.
고됨은 삶의 흔적으로 남아있고 미련은
코르크층으로 쌓이고 있다.
낮 동안 천적과 싸웠을 작은 생명들은 가
녀린 고개를 내밀고 맑은 공기를 마시며
부활復活을 꿈꾸고 있다.
언젠가는 다시 돌아오겠다고 큰소리치던
나의 용기는 돌아올 기회를 놓치지 않으
려는 파도처럼 지금쯤 어디에서 회군回
軍의 여섯 장단 북장단을 치고 있을까?
그냥 떠나버리지 못하고 늘 왔던 곳으로
다시 돌아오는 파도,
소리 들린다.
어디에선가 쏴-쏴- 쏴-쏴- 쏴-쏴-

변산곶 9

— 철쭉 —

기다려야 한다.
기다려야 한다.
삼백 예순 날 꽃이 피는 그날을,
심고 지켜보고 하늘 향해 기도하고…
문을 열어라.
아쉬움과 원망과 미련 위에 붉은 탄생의
빛을 뿜어라.
네 정수리에 물을 붓는다.
티끌만큼의 욕심도 없는 맑은 가슴으로
꽃의 탄생을 기원한다.
언제나 험난險難을 운명처럼 달고 사는
보살피는 자의 아픔을 딛고,

변산곶 10
— 바지락칼국수 —

먼 동행 길을 함께 걸었다.
긴 파도도 함께 넘었다.
하지만 지금은 너무도 먼 타향 밖의
소식,
이리 휩쓸리고 저리 휩쓸리며 하얀
파도 되어 멀어져갔다.
돌아오지 않는 바람 되어 떠나갔다.
바지락 칼국수를 먹기 위해서 바닷가
1번지 '전망 좋은 집'을 찾던 눈 푸
르던 시절의 진한 우정은 어디에 묻
혀버리고 안타까운 기다림만 어느
기억 속에 몸 둘 바를 몰라 하는가?
아직도 함께 먹던 바지락 칼국수 그
국물 맛은 혀끝에 동동한데…

변산곶 11

—우렁각시—

세상이 앞으로 가든 뒤로 가든 상관없
이 언제나 집에 남아 가족들의 안위安
慰를 살핀다.
날마다 하나씩 하나씩 헌신獻身의 탑
을 쌓아 작은 행복을 만든다.
큰물이 지면 그녀도 어쩔 수 없이 몇
십 리씩 동네 밖으로 떠내려가긴 하지만
천지신명님께 기도하여 기필코 집으로
돌아온다.
집 나간 자식들이 어느덧 장성하여 손
자들을 하나 둘 앞세우고 집으로 돌아
올 때까지 그리움으로 사랑으로 집을
지킨다.

변산곶 12
—보리밭—

농부들이 수매값 하락에 항의하여 다 익은 보리밭을 내팽개쳤다.
보리밭이 시꺼멓게 타들어간다.
버린 보리밭 위로 참새 떼가 우루루 날아다닌다.
이제 보리밭은 참새들 것이다.
참새들이 보리밭을 지키려고 보초를 서고 허수아비를 세웠다.
참새 떼가 사는 보리밭을 털면 보리 대신 참새가 쏟아진다.
장마가 오고 있다.
큰물이 지면 보리밭은 물속에 들어간다.
그러면 참새들은 보리밭을 떠난다.
내팽개쳐진 보리밭은 과연 어찌될는지?

변산곶 13

—갈매기의 외침—

나는 꽃이다.
사람들이 그리워지면 멀리서 달려와 바라보는 하늘의 꽃이다.
나는 바람이다.
어디론가 휙- 타고 떠나버리고 싶은 비행선 같은 한 줄기 바람이다.
나는 수건이다.
타관 객지에서 고향 생각이 날 때면 훌쩍이는 코를 닦기 위해 찾는 선원들의 작은 손수건이다.
내가 외쳐대는 소리는 언제나 같다,
끼룩- 끼룩- 끼룩-
"세상사 모든 것을 다 소화시키려다 배 터져 죽은 어우동의 환생으로 탄생한 나다. 싸구려! 싸구려! 오늘도 값 싸고 물 좋은 생것들이 내 앞에 있다. 내가 소리치면 바닷물이 출렁이고 놀라운 일이 여기저기에서 벌어진다."

변산곶 14

—부안 아가씨—

누가 불러도 당신 마음은 흔들리지 않아요.
나를 향한 당신은 한 송이 들국화입니다.
그 어디에 있어도 고운 빛을 내는 한 줄기
등불입니다,
당신은 나의 희망입니다.
아 사랑하는 당신,
당신이 있어 나의 삶은 행복합니다.
난 다시 태어나도 당신을 사랑하렵니다.
아 아름다운 부안아가씨,
보고 싶은 그 사람,

누가 불러도 당신 마음은 흔들리지 않아요.
나를 향한 당신은 한 떨기 백합입니다.
그 어디에 있어도 늘 생각나는 한 마리
백조입니다,
당신은 나의 기쁨입니다.
아 사랑하는 당신,

당신이 있어 나의 삶은 즐겁습니다.
난 다시 태어나도 당신을 사랑하렵니다.
아 마음씨 고운 부안 아가씨,
인정 많은 그 사람,

변산곶 15

—정성精誠 —

삶은 정성입니다.
노력과 공덕功德으로 길러지지요.
하지만 어느 날 갑자기 공든 탑이
무너지기도 합니다.
그렇다고 해서 그것에 대하여 저항을
한다거나 포기하는 것은 다 부질없는
짓입니다.

삶은 정성입니다.
끝없이 정성을 요구하지요.
하지만 그 대가는 아주 늦게 지불됩
니다.
심지어는 살아생전에 지불되지 않을
수도 있습니다.
하지만 언젠가는 꼭 지불됩니다.

삶은 정성입니다.
슬기롭게 참고 기다려야 합니다.

언젠가는 빛나게 되어 있습니다.
고된 삶을 승화시켰던 우리네 선조들
의 업적이 지금 환하게 이 땅 위에
별이 되어 반짝이고 있는 것처럼,

삶은 정성입니다.
우린 가야 합니다.
모든 것을 안고 묵묵히 느림보 거북
이처럼 수처작주 입처개진隨處作主
立處皆眞*의 자세로,

*수처작주 입처개진隨處作主 立處皆眞:
지금 머무르고 있는 곳의 주인이 되어 진리
의 세계에 들어가라는 임제臨濟 선사의 말.

변산곶 16

―연민憐憫―

정들었던 곳을 정리하고 새로운
보금자리를 찾아 떠난다.
언젠가는 훌훌 털고 처음 왔던
그 곳으로 돌아가야 할 몸,
이것저것 치우며 생각한다.
세상 끝나는 날까지 자신이 특별
한 존재임을 들먹이며 끈덕지게
따라붙을 연민憐憫에 대하여,
그러나 결국은 정중한 손사래로
이별을 고해야 할 그에 대하여,

변산곶 17

—김삿갓 부안 방문기—

전라도라 변산곶 부안扶安 땅 푸지고 살판나는 고을을 향하여 죽장에 삿갓 쓰고 길을 떠나노라.

해 저물 무렵 내소사 범종소리 진서鎭西에 울려 퍼질 때 백산白山 높은 곳에 올라가 '제폭구민 보국안민除暴救民 輔國安民'이라 크게 외치니 '저주중류 백세청풍底柱中流 百世淸風' 석불산 높은 기상도 하서下西되어 내려오는구나. '실사구시實事求是' 강조하시던 반계磻溪님의 말씀은 21세기를 떠받치는 보안保安의 초석으로 떠오르는구나.

계화界火 섬사람들 마음 합심하여 이리저리 바다를 막더니 애타던 섬 처녀들 소원 풀리고 서울 가신 낭군님께 일자 상서上西 올리나이다. "이제 바다가 육지 되었으니 낭군님들 오시는 길 부디 찻길 조심하이소!"

푸세. 푸세. 배를 푸세. 주산舟山 마루에 묶었던 배를 푸세. 동진東津 나루터에 두리둥실 띄워 놓고 어화둥둥 내 사랑과 뱃놀이를 즐겨보세. "흔들리는 것은 뱃전이요, 요동치는 것은 연심戀心이라. 비추어 오는 것은 꽃 그림자요, 젖어드는 것은 사랑이라." 마시세. 마시세. 술을 마시세. 한 잔은 님의 자태에 취해서 마시고 또 한 잔은 변산팔경邊山八景에 취해서 마시세.

해밝은 월영月影 아래 신선 되어 노닐다가 풍류 부안을 떠나려 하니 위도蝟島의 갈메기도 꺼-억 꺼-억 울고 줄포茁浦의 연락선도 부-웅- 부-웅- 우는구나. 하지만 어찌하랴. 만나면 헤어져야 하는 것이 인지상정人之常情인 것을 부디 이 몸 떠나더라도 살기 좋은 부안에서 세세손손世世孫孫 만년만복萬年萬福 행안幸安을 누리시며 잘들 살아가시구려!

제2부

• • •

성내城內마을

노인요양병원

—어머니—

어머니, 이쪽은 평탄하고 저쪽은 턱이
있어요. 이리로 오세요.
그래, 글쎄 보여야지. 내 손 좀 잡아
줄래?

어머니, 이쪽은 김치이고 저쪽은 단무
지예요.
어느 것 드실래요?
그래, 한 가닥 한 가닥씩 나누어 줄래?

어머니, 가을이 왔어요. 길가에 코스모
스와 들국화가 활짝 피었어요. 빨갛고
하얗고 노란 꽃들이 피었어요.
그래, 어디 향기 한 번 맡아볼까?

어머니, 보름달이 동산 위에 환하게 걸
렸어요.

그래, 옛날엔 내가 가니 달도 갔었는데
이제는 나는 안 가도 달은 가고 있겠구
나?

어머니, 여기 돈 있어요. 작고 파란 것
이 천 원짜리이고, 크고 노란 것이 오만
원 짜리이고, 중간이고 초록색인 것이
만 원짜리예요.
그래, 각각 나누어서 편지봉투, 비닐봉투,
종이봉투에 담아줄래?

어머니, 손자들이 왔어요. 어머니 보려
고 새별이, 지영이, 진솔이, 새롬이 모
두 왔어요.
그래, 절은 무슨 절? 어서 짝을 찾아야
지?
이리 가까이들 와 봐, 얼굴 좀 만져보게.

노휴재老休齋
—인생—

무엇이 옳은지 그른지 헤아리지 못 할
때가 있습니다.
앞으로 나아가지 못함이 용기 없어 보
일 때도 있습니다.
조금은 한심스러운…
아닐 말입니다.
사는 것이 다 그러한 것이거늘,
인생이란 무릇 삶이 흐른 흔적이라고
말하고 싶습니다.
스스로 눈물 나고, 감탄하고, 위로하고…
비어있는 하늘 위에 예쁜 그림을 그립
니다.
그리고 다른 사람도 그릴 수 있도록 그
린 그림을 잘 지워줍니다.
여러 이웃 속에 내가 있습니다.
살아있는 생명체로,
아름다운 동반자同伴者로,

다문화가족지원센터
—누구를 위한 삶—

누구를 위하여 사는 것은 즐거운 일입니다.
누구를 위하여 사는 사람은 죽지 않습니다.
비록 죽어서도 하늘의 별이 되거나 수호신
이 됩니다.
누구를 위하여 사는 것은 자기를 벗어나는
일입니다.
그 누구는 사람일 수도 동물일 수도 식물일
수도 무생물일 수도 있습니다.
누구를 위하여 사는 사람은 삶을 함부로 하
지 않습니다.
그 누구가 내가 없으면 안 된다고 하는데
어찌 내가 내 삶을 함부로 할 수 있겠습니
까?
우리 모두 누구를 위한 삶을 살아갑시다.
누구를 위하여,
이보다 더 거룩하고 예쁜 말은 없습니다.

도동서원道東書院

—진실眞實—

속이 보일 때는 보여서 보이지 않
을 때는 보이지 않아서 두려웠다.
하나에서 열까지,
하지만 얼마 가지 않아서 알았다.
세상은 가끔은 한 가지를 열 가지
로 나투어 내보이기도 하고
또 가끔은 열 가지를 한 가지로 나
투어 내보이기도 한다는 것을,
하지만 진실은 늘 '어린 왕자*'의
모자 속처럼 들춰보면 금방 그 속내
를 알 수 있다는 것을,

*어린 왕자: 인간이 고독을 극복하는 과정을 그린 생텍쥐페리의 어른 동화.

마실영화관

—사랑—

악惡의 시기 속에서도 모질게 피어오르는,
싹이 보이지 않아도 미루어 짐작하여 틔워
올리는,
그대 없음으로 무의미하게 사느니보다는
힘들어도 그대 키우는 보람으로 사는,
'진해졌다 묽어졌다'를 반복하지만 어느새
조용히 잔불처럼 다시 올라오는,
그대 있음에 내가 있고 나는 없어도 그대는
있을,
아 이 생명 끝나고 말아도 그대 영원히 존
재할 불꽃 같은 사랑이여.

매창공원梅窓公園

—좋은 글 쓰기—

좋은 글을 쓰는 것이 어디 특별한 사람만 가능한가요?
좋은 글은 배워서 쓰는 것이 아니라 가슴으로 쓰는 것이랍니다.
좋은 글은 맑은 시냇물 위에 이는 고운 물결이요 실바람에 잘 말린 새 돗자리와도 같으니 애타는 정, 끓어오르는 가슴, 넘치는 슬픔을 그리움에 듬뿍 담아 곱게 쓰면 되는 것입니다.
삼경 야심한 밤에 피어오르는 사랑을 한 소끔 일필휘지一筆揮之로 써내려 가면
되는 것입니다.

부안교회

—가난—

가다가 돌부리에 걸려 넘어진 고무신,
고무신에 난 구멍 하나,
내 얼굴 닮은 동그란 구멍 하나,
아파도 웃음을,
갈림길에 웃음을,
비쭉 나온 발가락 하나,
인사차 나온 발가락 하나,
또르르 떨어지는 방울 하나,
고무신 위에 고인 눈물방울 하나,
성긴 이를 드러내며 웃는 하느님,
꾀꼬리처럼 고운 목소리로 말씀하신다.
"가난한 자여 모두 내게 오너라. 천국이
모두 너희 것이니라."
오늘만큼은 그냥 없어도 좋을 없어도 좋
을 가난이 살고 있다.
마음 따뜻한 가난이 내 안에 살고 있다.

부안국악원

—북소리—

둥 둥 둥,
북소리 들린다.
내게 묻는 북소리 들린다.
"너는 어떻게 살고 있는가?
주인으로 살고 있는가? 아니면 구경꾼
으로 살고 있는가?
너는 어떤 때는 주인으로 살고 있고
또 어떤 때는 구경꾼으로 살고 있는가?"

둥 둥 둥,
북소리 들린다.
내게 묻는 북소리 들린다.
"너는 어디에서 살고 있는가?
하늘 위 옥탑방에서 살고 있는가? 아니
면 지하 골방에서 살고 있는가?
너는 어떤 때는 하늘 위 옥탑방에서 살
고 있고 또 어떤 때는 지하 골방에서 살

고 있는가?”

둥 둥 둥,
북소리 들린다.
내게 묻는 북소리 들린다.
“너는 어느 시대를 살고 있는가?
아날로그(analog) 시대를 살고 있는가?
아니면 5G*시대를 살고 있는가?
너는 어떤 때는 아날로그로 살고 있고
또 어떤 때는 5G로 살고 있는가?”

둥 둥 둥,
북소리 들린다.
내게 묻는 북소리 들린다.
“너는 무엇을 하며 살고 있는가?
네가 하는 일은 어떤 가치가 있는가?
아니면 어떤 가치가 없는가?

또한 어떻게 하면 가치가 있는 일이 되고 어떻게 하면 가치가 없는 일이 되는가?"

*5G: 5세대 이동통신 기술로서 처리하는 데이터의 용량이 크고 속도가 초고속인 점이 특징이다.

부안군민신문

—흑과 백—

사람들이 흑黑과 백白으로 나뉘어 다투
고 있습니다.
그래봤자 자신의 손톱 밑의 가시 빼기보다
급하진 않습니다.
그 어떤 일도 닥쳐있는 일보다 더 가까이
있진 않습니다.
어떤 구실도 인간을 완전히 한쪽으로 내몰
지는 못합니다.
모든 색을 합치면 검정이 되고 모든 빛을
모으면 무색이 됩니다.
어머니의 태胎 안은 검정이고 무한 청정
한 공기는 무색입니다.
아무리 아름다운 색깔이라고 하여도 검정
밖에 있지 않고 아무리 현란한 빛깔이라고
해도 무색 이전에 있지 않습니다,
희망과 절망이 서로 발을 묶고 끝없이 함
께-달리기를 계속하고 있는 것처럼…

부안군청

—일출日出—

추운 날 해 돋움을 보기 위하여 산자락
을 오르는 사람아,
산을 부여잡고 안타까워하는 사람아,
걱정 말아라.
해는 곧 나올 것이고 빛은 멀리서 하나
씩 하나씩 모여 결국은 네 이마 위에서
빛날 것이니 너 기필코 찬란한 일출을
보게 되리라.
네 처음이 항상 어둠이고 끝이 밝음이었
듯이 사필귀정事必歸正으로 빛의 탄생
을 보게 되리라.
홍보석 같은 해의 탄생을 보게 되리라.
따뜻한 빛의 놓여남을 보게 되리라.
수천만 번 광명을 산출產出해낸 저 어
둠이 만든 튼실한 태실胎室 속에서 올
라오는 맑고 우람한 빛을,

부안문화원

—인생—

어디에서 다가오나 바람 같은 인생,
어디로 흘러가나 구름 같은 인생,
이리로 흘러가고 저리로 떠다니다가
여기까지 오게 된 인생,
이제 또 어디로 가야 하나?
바람 같은 인생,
구름 같은 인생,
여기에 사연 두고 저기에 추억 남기
고 정처 없이 흘러가네.
아— 바람 같은 인생,
아— 구름 같은 인생.

어떻게 살아왔나 바람 같은 인생,
어떻게 견뎌왔나 구름 같은 인생,
눈 뜨고 잊어버리고 눈 감고 생각하
다가 여기까지 오게 된 인생,
이제 또 어디로 가야 하나?

바람 같은 인생,
구름 같은 인생,
갈 곳이 어디 없고 오라는 곳이 어디
없어도 또 다시 흘러가네.
아– 바람 같은 인생,
아– 구름 같은 인생.

부안상설시장

—백지장白紙張—

인생은 백지장白紙張,
세상은 백지장,
오늘도 나를 위하여 살고 있다.
나를 위함이 또 누군가를 위함이거늘
서로가 큰 백지장 한 장을 나누어 들고
살고 있다.
나 죽어 백지장을 든 이 한 손을 놓아
도 또 다른 이가 얼른 뛰어들어 반반한
백지장을 만들어 갈 것이다.
인생은 백지장,
세상은 백지장,
백지장 한 끝을 나누어 들고 살고 있다.

부안여객

—시골버스—

시골 바람, 시골 냄새, 시골 인심, 시골 이야기 싣고 시골버스 출발합니다.

이 일 저 일에 밀려서 제때 병원에 못 갔던 할머니 할아버지 싣고 시골버스 달려갑니다.

엄마 아빠가 서울로 돈 벌러 가서 할아버지 할머니가 키우는 철호 손자 태우고 시골버스 달려갑니다.

부안장에 내다 팔려고 농부들이 땀 흘려 가꾼 병아리, 강아지, 감자, 누에, 수박, 오디, 닭 싣고 시골버스 달려갑니다.

할아버지들 일찍 보내고 할머니들만 모여 사는 할머니마을 왕할머니 싣고 시골버스 달려갑니다.

아이 잘 키우고 부모님께 효도하며 한국말도 잘하는 우즈베키스탄 새댁 싣고 시골버스 달려갑니다.

수산시장에 내다 팔려고 바닷가 사람들이 갓 잡은 꽃새우, 멸치, 석화, 전어, 주꾸미 싣고 시골버스 달려갑니다.

아들 따라서 전주로 이사 간 미영이 할머니가 살던 다랭이골 빈 집을 지나 시골버스 달려갑니다.

명절이면 너도 나도 무지개떡, 호박떡, 쑥떡, 개떡, 팥떡, 가래떡 뽑던 희망방앗간 지나 시골버스 달려갑니다.

미루나무 위에서 까치가 사는 까치골 규식이 어른 집을 지나 시골버스 달려갑니다.

읍내 장터에서 어릴 적 동무 만나 대포 한 잔 기울이고 막차에 올라타서 친구 자랑하는 감나무골 노인 싣고 시골버스 달려갑니다.

부안에 약장수 구경 갔다가 공짜 화장지 받아들고 입이 쩍 벌어진 김공짜 여사님 싣고 시골버스 달려갑니다.

내릴 손님 다 내리고 기사 양반만 달랑 실은 시골버스 달랑달랑 달려갑니다.

부안예술회관

—소리—

소리가 들려온다.
보이지 않는 지구 반대편에 사는 사람
들의 소리가 들려온다.
삶에 겨워하는 사람들의 소리가 들려
온다.
아픔에 겨워하는 사람들의 소리가 들려
온다.
마음속에 가시가 되어 따라다니던 젊은
날의 과오와 미래에 대한 두려움이 함
께 굴렁쇠가 되어 돌아가는 소리가 들
려온다.
돌돌돌 펼쳐지지 않는 긴 뫼비우스
(Moebius)의 띠*가 되어 돌아가는 가슴
아픈 사람들의 소리가 들려온다.

*뫼비우스(Moebius)의 띠: 길고 가는 직사각형 모양의 띠의 한쪽 끝을 비튼 뒤 다른 한쪽 끝에 붙여 만든 3차원 위상공간.

부안읍성

—아버지—

바지기 지게에 짐을 듬뿍 지고 논둑길을
걸어가시던 아버지,
밭모퉁이 걸터앉아 깊게 잎담배를 빠시던
아버지,
부모 걱정, 자식 걱정, 형제 걱정으로 시
름의 강을 건너고 또 건너시던 아버지,
숙여진 당신의 무덤에서 나의 그림자를
걷어내지 못하는 것은 먼저 세상을 알고
근심을 알고 간 당신의 짐을 이제는 내가
지고 가기 때문입니다.
노랑나비 떼 분분히 나는 유전流轉의
짐을…

부안 조류보호협회

—편견偏見—

공원에 비둘기가 살고 있다.
비둘기들은 운동 나온 사람들이 주고 간 먹이를 먹는다.
그들은 대부분의 시간을 광장과 시계탑에서 보낸다.
모이를 먹기 위해서 광장으로 내려오고 모이를 먹고 난 다음에는 시계탑으로 올라간다.
운동하는 사람들이 별 관심 없이 비둘기를 바라보듯 비둘기들 또한 무표정한 표정으로 운동하는 사람들을 바라본다.
이젠 그 옛날처럼 먹이를 구하러 멀리 구하리 들판이나 촘촘 시냇가로 날아가지 않는다.
비둘기들이 변해가고 있다.
누군가가 희망의 메시지를 그들에게 전해준다고 하여도 그들은 지향점 없는 미래를 향하여 무관심 속으로 날아가고 있다.

부안향교扶安鄕校

—지금이 좋은 때입니다—

한 달 앞이 걱정되고 일 년 후가 걱정되지만 오늘 하루를 그럭저럭 지낼 수 있다면 지금이 좋은 때입니다.

십 년 전에는 걱정하던 일이 지금은 걱정하는 일이 아니라면 지금이 좋은 때입니다.

남들이 하는 일을 나도 용기 내어 할 수 있다면 지금이 좋은 때입니다.

"내일은 어떻게 살아야 하나?" 하고 지금 고민하고 있다면 지금이 좋은 때입니다.

누군가와 정의를 위하여 싸울 수 있는 '투지'가 있다면 지금이 좋은 때입니다.

누군가를 만나는 것이 두렵다면 지금이 좋은 때입니다.

누군가가 나를 아직 일할 능력이 있다고 인정해주고 있다면 지금이 좋은 때입니다.

"모임 시간이 다 되어 가는데 왜 안 나오느냐?"고 하는 독촉 전화가 온다면 지금이 좋은 때입니다.

"오늘은 가족들을 위하여 어떤 반찬을 준비해야 하나?"라고 고민하고 있다면 지금이 좋은 때입니다.

다른 이의 나쁜 행실을 보았을 때 잔소리를 해주고 싶다면 지금이 좋은 때입니다.

술 한 잔을 친구와 '건배' 하고 마실 수 있다면 지금이 좋은 때입니다.

술 한 잔 마시고 비틀거리며 멋지게 유행가 한가락을 뽑을 수 있다면 지금이 좋은 때입니다.

누군가가 나를 위하여 음식을 만들고 있다면 지금이 좋은 때입니다.

어딜 가더라도 '총각' '아가씨' '젊은이'라고 불리고 있다면 지금이 좋은 때입니다.

혼자 조용히 언덕에 올라 나훈아*의 '잡초'를 부르고 있다면 지금이 좋은 때입니다.

"내가 지금까지 뭐하고 살아왔나?" 하고 후회하고 있다면 지금이 좋은 때입니다.

누군가와 속 깊은 이야기를 하고 싶은 '바람'이 있다면 지금이 좋은 때입니다.
조용히 아내에게 "나 요즘 잘 살고 있어?"라고 물어보고 있다면 지금이 좋은 때입니다.

*나훈아: 가창력이 뛰어난 70-80년대의 남자 대중가요 가수.

부안향교 대성전

—원단元旦—

빛은 났다.
하늘 위에도 버들가지에도 과수원의 벌레 먹은 가지에도,
정신은 깨어나고 기운은 횃불처럼 타오르고 있다.
어둠은 빛을 낳고 마음은 선善을 부르고 있다.
밤새 고통에 겨워하며 갈 곳 몰라 하던
정성精誠이 피워 올린 불꽃, 파란波瀾이 섬처럼 쌓인 이별 위에 피어오르는 불꽃이 우리 머리 위에서 찬란하게 빛나고 있다.

서외리西外里

—골목길—

낮은 담들이 거미줄처럼 뻗어나간 그곳
에 골목길이 있다.
숨바꼭질, 구슬치기, 자치기, 딱지치기로
해 저물 때까지 놀던 어린 시절이 생각
난다.
술 드신 아버지가 '누구야' 하고 부르던
아버지의 흔들 걸음이 숨어 있고, 들어
오지 않은 자식 걱정으로 대문간을 내다
보시던 어머니의 염려가 묻어 있다.
이제는 2G* 핸드폰을 만지작거리며 도시
로 간 자식들의 소식을 기다리는 노인들
의 무인고도無人孤島가 된 골목길,
골목길은 너와 나의 추억의 교차로이다.
가끔은 기울어진 벽에 젊은 연인들이 달

려와 멋있는 솔거率居** 그림을 그려놓
고 가는 푸진 세월의 일번지 휴게소이다.

*2G: 2세대 이동통신 기술로서 음성 통화, 문자 전송, e-mail 전송이 가능한 수준이다.

**솔거率居: 신라 때의 유명한 화가로서 황룡사 벽에 그린 노송老松에 관한 일화가 전해오고 있다.

석정문학관夕汀文學館

—책 한 줄 쓰기—

누구나 인생이란 책 한 권을 써 나간다.
글을 쓰는 이는 본인 자신이다.
오늘 하루는 책 한 권의 몇 쪽의 몇째
줄에 해당하는 것일까?
책이라면 당연히 발단, 전개, 위기, 절정,
대단원, 종결이 있을 터인데 나의 책은
지금 어디까지 써지고 있는 것일까?
아침에 일어나서 생각해본다.
오늘 책 한 줄을 어떻게 쓸 것인지를,
어제처럼 쓸 것인지?
어제와는 다르게 쓸 것인지?
남들처럼 쓸 것인지?
남들과는 다르게 쓸 것인지?
이미 쓴 사람처럼 쓸 것인지?
아니면 전혀 새롭게 쓸 것인지?
오늘도 그냥 넘겨버릴 수 없는 나의 책
한 줄을 혼신을 다해 한 자 한 자 육필
肉筆로 써내려가고 있다.

취성재聚星齋

—글쓰기—

아침에 일어나 책상머리에 앉는다.

시간은 광속光速으로 흐르고 있다.

뭔가를 써야 한다는 강박관념이 인다.

사람들은 왜 뭔가를 쓰고 싶어 할까?

그리고 남들에게 알리고 싶어 할까?

난 한동안 정신없이 살았다.

나를 벗어나 살았다.

그러다 다시 돌아와 보니 어느 깊은

동굴 속에 홀로 버려져 있었다.

난 아주 먼 옛날 알타미라 동굴에서

살았다.

나의 형제들은 가끔 사냥을 나갔다.

힘이 없는 나는 동굴에 남아 나의

형제들이 들짐승을 잡는 광경을 숯으

로 그리곤 했었다.

나의 글쓰기는 그런 낙서로부터 시작

되었다.

그것은 나의 삶에 대한 불만족의 토로
吐露였다.

학당學堂고개

—회상回想—

바람에 실려 간 젊은 날들을 떠올린
다.
눈 파랗고 가슴 시리던 시절에 만났
던 이제는 확인이 되지 않는 '파랑새
의 전설'이 되어가는 사람들,
그땐 모든 게 꿈이고 희망이었는데…
반조返照의 골짜기에 홀로 앉아 기
름 횃불 켜들고 학당고개를 넘어가던
청춘의 그날들을 돌이켜본다.

제3부

• • •

안골 강마을

간재로艮齋路
—빈 집—

계화도 가는 길 간재로 들길 변 초가
삼간 집 한 채,
달덩이 내 친구 영희가 살던 집,
넓은 들녘 한가운데 코스모스 무등을
타고 구름처럼 떠 있던 집,
지금은 아무도 살지 않는다.
영희네 식구들 모두 서울 가서 잘 살
고 있을까?
내 친구 영희는 누구에게 시집가서 어
떻게 살고 있을까?
바람 쉬어가고 구름 놀다 가는 집, 소
나기가 이따금씩 회포를 풀고 가는 집,
달걀귀신 대추나무 도깨비가 나올 것
같은 빈 집에 왕거미가 어슬렁 집을 짓
고 있다.

감교리甘橋里

—가을—

멀리 석양을 봅니다.
시집간 누이의 얼굴빛 같은 빨간 노을
이 타고 있습니다.
설익은 고춧가루 묻은 어머니의 손 내음
을 맡습니다.
가을 산이 주는 뜸부기 소리를 듣습니다.
어릴 적 내게 들려주던 할머니의 자장가
소리를 듣습니다.
덜거덕덜거덕하고 시골집 뒷문 밖으로
지나가는 달구지 소리를 듣습니다.
어느덧 유정고개엔 단풍이 들고 있고 가
랑잎이 지는 가을이 오고 있습니다.
먼 여로의 고갯마루에 반조返照의 햇살
이 내리쪼이고 있습니다.

개암사開巖寺

—인과因果—

세상 흘러감에 대하여 이야기를
합니다.
위대한 사람도 그렇지 못한 사람도
이것저것과 비교해가며…
그러나 세상은 흘러갈 데로 흘러갑
니다.
그 누구의 바람대로가 아닌 제 갈
길로,
그 누구도 흘러감을 멈추게 할 수
는 없습니다.
원인原因은 결과結果를 만들고
결과는 또 새로운 원인을 만들면서…
(此有故彼有 此生故彼生)

계화도界火島

—소라다방—

바닷바람이 양철 간판을 두드리고 있다.
가만히 귀 대고 바람결에 그 옛날을 회
상해본다.
국밥장사로 큰 돈을 벌었다는 풍선껌
미쓰-리 아가씨, 태풍 끝 횡재로 만선
고기창을 얻은 억수, 동네에서 쫓겨나
서울에서 찹쌀떡 장수로 부자가 된 순
식이가 생각난다.
다방 천장에 매달린 흑백텔레비전으로
김일 레슬링과 월드컵을 함께 보던 마
을 사람들이 생각난다.
그 사람들 독재정권, 군사정권, 민주화
정권 다 겪고 보냈지만 세상의 나쁜 놈
들은 하나도 걸러 보내지 못했다.
얼룩진 벽에는 고된 세월을 이겨낸 사
군자 그림이 비보풍수裨補風水로 붙
어 있고, 수많은 인연들이 스쳐 지나간

안락의자 손잡이엔 아직도 미납未納
의 광채光彩가 내리고 있다.

군개軍浦나루

—동학군東學軍—

돌고 있다.
빛의 중심을 향하여 멀리서 가까이에서
기울어진 타원형으로,
일정함이 변화를 만들고 변화가 일정함을
만들고 있다.
봄이 오면 여름을 내다보게 하고 가을이
오면 겨울을 연상케 하고 있다.
돌고 있다.
스스로 돌아 산란했던 과거를 내어주고
새로운 아침을 맞이하고 있다.
인과因果이 늪에 빠진 악惡의 무리들을
청산하고 선善을 세우는 고된 작업을 행
하고 있다.
떠오른다.
해가,
동쪽에서,
변화를 기다리는 동지들이여,

변하지 않는 것이 있음에 대해서도 감사하라.
우리는 예측 가능함과 예측 불가능함 사이에서 희망이란 솟대를 높이 걸어놓고 사는 그래도 의지 굳은 사나이들이다.

농민상담소

—관심關心—

땅에 곡식을 심는다.
자연의 능력을 평가한다.
특별히 도움을 주지 않았는데 어떻
게 고추가 고추를 만들고 상추가 상
추를 만들고 콩이 콩을 만드는지를
실험한다.
한 줌의 흙속에 그런 탄생에 필요한
모든 정보情報들이 담겨져 있는지를
실험한다.
무엇이 무엇에 인因하여 잎과 줄기
와 뿌리를 만들고 열매를 맺을까?
진정 관심 있게 살펴봄만이 하늘의
계시啓示를 알아내는 원동력이 된다.

농업기술센터

—차를 보내면서—

당신은 십여 년 동안 나를 위하여 봉사를
하였습니다.
나는 당신께 큰절을 올립니다.
그간 달린 길이 총연장 44만 4050킬로미터,
지구를 열한 바퀴를 도는 길이입니다.
당신은 내가 가자고 하면 전국 어디고 아니
간 곳이 없습니다.
동해 최북단 통일전망대, 서울 조계사 부처님
참배길, 청평 정약용 선생님 묘소, 충북 증평
도로공사 현장, 산청 지리산둘레길, 압록 섬
진강 벚꽃길, 곡성 기차마을, 경치 좋은 영일
만 감포 앞바다길, 부안 내변산 내소사길, 변
산해수욕장, 격포 채석강, 모항 전망 좋은 칼
국수집, 곰소 소금밭길, 법성포 불교도래지…
생각만 하여도 가슴 뛰는 여러 곳들이 생각납
니다.
그런 당신이 이제 수명을 다하고 당신의 마

지막 휴식처로 돌아갑니다.

거친 숨을 몰아쉬면서,

이제 나는 당신을 당신의 안식처로 편안히

모십니다.

당신은 인위적 조립품에서 벗어나 자유로운

영혼으로 돌아갑니다.

그간 겪었던 온갖 역경에서 벗어나 물아일체

物我一體의 참 세계에 들어갑니다.

나의 진중真重한 감사기도와 함께,

농촌테마공원

—콩 따는 계절—

콩을 땁니다.
콩밭 속에 어머니가 들어 있고 어머니 뒤에
고라니가 숨어 있습니다.
반은 새 주고 반은 고라니 주고 남은 반은
벌레와 사람이 먹습니다.
잡초 콩밭 속에서 콩을 찾습니다.
요놈은 요리 비뚤 저놈은 저리 비뚤 제 멋
대로 자란 콩,
매일같이 몰래 숨어 꿈을 먹고 자란 콩,
이제는 한 알 한 알 하늘로 올라가 지혜로운
신농씨*神農氏의 수위守衛별이 될 살지고
야무진 콩을 땁니다.

*신농씨神農氏: 고대 중국의 삼황제三皇帝 중의 한 사람으로서 한족에게 농사짓는 방법을 가르쳐 주었다.

덕림德林보건진료소

—시월十月—

단풍잎이 운동장 구석에서 요란하게
하늘로 치솟던 날 한 아이가 학교를
그만두었다.
그 아이 떨어지는 나뭇잎에 구멍이
생길 정도로 큰 한숨을 쉬었다.
“엊그제 나를 길러준 할머니가 치매
판정을 받았어요. 돌봐주어야 할 사
람이 나밖에 없어요.”
푸석푸석 쌓이는 시월의 단풍 속에
서 헤어날 수 없는 아이의 근심 소리
를 듣는다.

동학혁명창의비東學革命倡義碑

—출전出戰—

민심民心은 천심天心이요, 만민萬民
은 평등平等, 재물도 권력도 잘나고 못
남도 하늘이 주는 것, 상대를 인정해야
내가 있는 것,
부모, 자식, 형제, 이웃을 떠나 나 이제
출전한다.
전전날 길산吉山이처럼,
눈물과 괴로움과 허망함을 바람에 실어
보내고 "민중은 있어도 나는 없고 나는
없어도 민중은 남는" 싸움터로 간다.
나 한 목숨 바람 되어 님들이 사는 동네
위를 휘휘 돌아 언제고 내 이야기를 들려
줄 수 있다면 종래에는 슬픔도 좌절도 없
는 우리 모두의 이야기가 될 참된 오늘을
위하여…

부안농공단지

—퇴근 시간—

한 점 두 점 세 점…
몇 번이나 아슬아슬한 고비를 넘어 겨우
졸음으로부터 벗어나고 있다.
사용자의 눈빛과 노동자의 눈빛이 서로
다른 모습으로 교차하고 있다.
술 좋아하는 친구들의 야릇한 눈동자가
빛나고 있고 낮 시간을 버텨낸 밤 일꾼
들의 눈동자가 선명해지고 있다.
어수선하게 돌아가는 하루의 전환점에서
아직 해야 할 일이 남은 작업반들의 머
릿속엔 야간 잔업자 명단이 술집 외상
값 장부의 미납금처럼 어지럽게 빨간 글
씨로 떠오르고 있다.

부안테마동물원

—고양이를 보내면서 —

눈만 뜨면 서로 생사를 확인했었는데 그런 당신이 오늘은 당신의 자리에 없습니다.
사뿐히 안개바람처럼 집안을 돌아다니며
나를 지켜보던 두 개의 까만 눈동자,
선반을 향하여 단숨에 뛰어오르던 당신의 날렵한 뜀뛰기 솜씨,
야옹! 야옹! 온 집안에 울려 퍼지던 당신의 꾀꼬리 같은 음성,
긴 꼬리를 감아 틀고 가끔은 '미륵반가상'으로 또 가끔은 로댕의 '생각하는 사람'으로 변신하여 세상을 걱정하던 당신의 수심 어린 모습.
아 언젠가는 우리 서로 헤어져야 할 운명이라고 생각은 했었지만 그래도 당신의 급작스러운 떠남은 나에게 큰 충격과 아쉬움을 주었습니다.

살아서는 장모님의 성경 읽는 소리를 귀동냥으로 듣고 죽어서는 스님의 독경 소리를 바람결에 익히고 있을 그대여, 우리 그냥 스쳐 지나가는 가벼운 중생들이지만 그대와 나 또 예쁘게 이 광명천지에 다시 태어나 서로 눈 반짝이는 상큼한 만남을 갖는 그런 날이 오기를 진심으로 기원합니다.

사산서원士山書院

—삶—

죽음의 공포로부터 빠져나오는데 매우
힘이 들었다.
살아있다는 것은 무엇인가?
누가 암으로, 누가 사고로, 누가 자살로
죽었다는 소리를 들었다,
죽음은 볼 수 없음이고 생각남이다.
아무리 싫었던 사람도 고운 영상으로
다시 태어난다.
삶은 선이 아니라 점의 집합이다.
목수들이 긋는 줄금이나 아이들이 긋는
곱돌 금이나 오래되어 잘 나오지 않는
잉크젯 프린터의 불완전한 파선 같은…
인정해야 한다.
이제 긴 수렁으로부터 벗어나야 한다.
다시 내 글을 써야 한다.
온갖 생명들이 피어오르는 저 봄을 보라.
숭고한 삶을 자아내는 감격 어린 모습을

보라.

새기자.

'다시 삶으로'

언젠가 일곱 빛깔 무지개 되어 하늘로

올라갈 그 날까지,

그러다 인간 세상 그리워지면 한 발 가

볍게 연꽃 위에 까치발을 내려놓을 그

때까지,

쌍조석간당산雙鳥石竿堂山
—가을 서정—

가느다란 나뭇가지 위에 참새 두 마리가 오붓이 앉아 있다.
짹짹– 짹짹–
열심히 떠들고 있다.
무슨 소리일까?
엄마 참새 아빠 참새 마주보며 세상 살아가는 이야기를 하고 있을까?
이미 눈빛만으로도 서로의 생각을 잘 알고 있을 터인데…
참새 두 마리 이야기를 마치고 하늘로 날아간다.
못다 한 이야기는 빈 가지에 걸어두고 힘차게 힘차게 날아 노을 속으로 들어간다.

우금산성禹金山城

—수련修鍊—

새벽이다.
밤새 기다려온 새벽이다.
번뇌는 사라졌다.
시작을 알리는 시간이 동쪽에서 왔다.
아직도 누군가는 지나간 시간을 호주
머니 속에 넣고 호두알 만지듯 만지작
거리고 있겠지만 난 새로 출발한다.
찬 이슬이 가져다 준 촉촉함과 새벽
바람이 몰고 온 청량함을 피로 회복제
로 마시며 심신을 가다듬어 수련修鍊
에 들어간다.
내 생명줄에 걸려 있는 맑고 투명한 지
혜智慧를 수련의 안내등 삼아,

장밭들

—땅—

동산에 올라 먼 들판을 지켜봅니다.
조상들이 일구어 온 붉은 땅을 바라봅
니다.
손에 흙 묻히며, 흙 긁으며, 흙 일구며
살아온 삶이 떠오릅니다.
묻는 것이 슬픔이요, 좌절이며, 낙망이
지만 그래도 아직 이 땅 위에 살아 농
사짓고 있다는 희망 하나만으로도 불꽃
이 활활 타오르는 봄입니다,
선친들의 고함소리가 들려옵니다,
"씨동이, 영신이, 동혁이, 범우, 초희…
모두 모두 내려와 쑥처럼, 두릅처럼, 미
나리처럼, 돌나물처럼 서로 얼싸안고 살
아가거라. 그렇게 신명나게 살아가거라"

진동리眞洞里

—고향집—

해가 뜨면 방 안 깊숙이 햇살이 나비처럼 날아들던 집.

미루나무 위에서 매미가 청승맞게 울던 집.

할아버지가 긴 담뱃대를 물고 열린 퇴창문 밖으로 학교에 간 손자를 기다리던 집.

여름밤이면 모깃불을 피워놓고 밤새도록 할머니의 귀신 나오는 옛날이야기를 듣던 집.

화단에 봉선화, 맨드라미, 채송화, 분꽃이 흐드러지게 피던 집.

가을이면 빨간 홍시가 주렁주렁 매달리던 집.

저녁이면 행랑行廊에 불을 때 음메- 음메- 하고 우는 누렁이의 쇠죽을 끓이던 집.

하루 종일 꿀벌이 왱-왱-거리며 들락날락하던 집.

늦가을이면 박들이 초가지붕 위에 옹기종기 매달리던 집.

보름밤이면 집 지키던 삽살개가 달에 비치지는 제 꼬리를 잡으려고 빙빙 돌던 집.

추석이면 마당에서 마을 사람들이 북, 장구, 꽹과리, 징을 치며 푸짐하게 놀던 집.
눈 내리는 겨울밤이면 화롯불 주위에 동네 처녀들이 모여 앉아 고구마를 구워먹던 집.
짚으로 새 이엉을 얹으면 집 나갔던 말벌들이 자기 집을 못 찾아 잉- 잉- 거리며 울던 집.
처마 밑에 매달아 둔 씨옥수수, 씨감자, 씨수수가 소슬바람을 쐬며 봄을 기다리던 집.
남새밭에서 갓 자란 상추며, 배추며, 열무를 솎아 먹던 집.
차디찬 우물물 속에 김치를 시지 않도록 담갔다가 꺼내어 먹던 집.
뒷산 느릅나무 위에서 수리부엉이가 부엉- 부엉- 하고 울던 집.
설이면 집 앞 동구 밖에서 동네 아이들이 널 뛰고, 제기 차고, 윷놀이 하며 놀던 집.
대밭 모퉁이에서 대추나무 도깨비가 불장난하며

놀던 집.
가을밤이면 높디높은 감나무에서 수수감이 툭-하고 떨어지던 집.
한 세대가 가고 또 한 세대가 들어차도 세월의 흐름을 가로막으며 목장승처럼 서 있던 집.
야트막한 산 밑에 아기 동산처럼 떠 있던 어릴 적 뛰어놀던 고향집 그립다.

청계서원清溪書院

—바람—

한 번 걸어온 길 여기저기에 들쭉날쭉
내딛은 흔적이 있네.
이제는 걸어온 길 거꾸로 돌아갈 수
는 없네.
하지만 앞으로 가야 할 길은 아직 남
아있네.
그 끝은 나도 모르고 그대도 모르네.
바람은 여전히 과거의 추억을 배경 삼
아 신나게 춤을 추고 있지만 그 옛날
처럼 활짝 웃는 모습을 내보이지는 못
하고 있네.

청림青林 천문대

—성인星人—

청아한 달빛 아래 맑은 바람 마시며
두 손에 때 안 묻히고 살고자 했다.
하지만 세상은 알몸으로만은 살 수 없
는 것,
살아가는 데 필요한 여러 가지 것이 부
족해서 삶의 전쟁터에 가족들을 내보내
야 했고 듣기 싫은 소리도 들어야 했다.
이런 꼴 저런 꼴 보기 싫어 깜깜한 밤
중에 청림青林 오두막에 들어가 별을
헤고 사니 사람들은 그를 보고 별난 이
星人라고 불렀다.

타루비墮淚碑

—참전參戰—

오늘은 내가 나를 가슴에 품고 간다.
내가 나임을 안다.
숲에는 늑대도 여우도 착한 사람도 있
다.
하지만 나는 안다.
내가 무슨 일을 해야 할지?
내가 할 수 있는 일이 무엇인지?
여러 생각의 혼동 속에 나를 품고 전
장戰場으로 간다.
임진년 치떨었던 그날을 회상하며 다
시 저 들판에 나를 띄워 보내려 한다.
침입자 없는 참 세상을 만들기 위하여
손에 손 맞잡고 창을 움켜쥐고 급한
발을 동동 굴러 청등淸嶝으로 간다.
하늘엔 오색 깃발 높이 휘날리며…

제4부

• • •

갯바람터

격포格浦

—조개—

언제나 긴 섬모 발을 어둠 속에 묻고 세상
의 소리를 들어왔다,
꼼짝하지 않고 있는 것처럼 보이지만 난
진흙 속을 움직여 간다.
내가 살아있음을 알린다.
하지만 그것마저도 세상에 잘못 알려지면
아예 섬모 발을 거두어들인다.
거센 물결이 그 어디에 나를 옮겨놓아도
필요한 것은 받아들이고 필요 없는 것은
뱉어낸다.
난 그렇게 살아왔다.
오늘도 질퍽거리는 펄 밭 위를 뒤뚱뒤뚱
걸어 다닌다.
일본의 스모(sumo)*선수처럼 엉덩이를 툭
툭 가볍게 쳐가면서…

*스모(sumo): 한국의 씨름과 비슷한 경기로서 상대편을 지름 4.6미터의 씨름판 밖으로 몰아내거나 발을 제외한 신체 부위를 땅에 닿게 하면 이기는 방식의 운동경기.

금구원金丘苑

—동그라미—

난 이지러진 동그라미,
빨리 가지 못한다.
애당초 생겨나지 않았던 부분도 있
고 살면서 잃어버린 부분도 있다.
이지러진 몸으로 아침의 신선함과
점심의 허전함과 저녁의 쓸쓸함을
느끼며 살아가고 있다.
빨리 달릴 수는 없어도 가다가 멈춰
서서 하늘을 보는 여유로 삶의 방향
터를 바꿔가면서 나아가고 있다.
뻗어도 뻗어도 닿지 않는 나의 긴
여행의 목적지를 향하여,

모항茅項

—간조干潮—

봄, 여름, 가을, 겨울,
언제나 진한 생명의 가치를 머금고 살
고 싶었는데…
휭- 하니 지나간 많은 시간들,
어느 절망의 끝이 지금이라 하여도
끝까지 나의 뜻을 굽히지 않겠다던 굳
은 맹세는 어디에서 스러지고,
어느덧 보이지 않는 실망만 푸석푸석한
짚섶이 되어 회한悔恨의 눈물가루
여기저기에 날리고 있단 말인가?
아 무너질 듯 빠져나가는 나의 텅 빈
바다여,

변산마실길

—길—

나는 나의 길을 달려왔습니다.
나의 길 옆에는 다른 길도 있었습니다.
그 길에는 다른 사람들이 달려가고 있
었습니다.
그 길을 가는 사람들은 가끔 나에게
부러움과 의아스러움을 던져주었습니다.
내가 달려온 길이 길수록 그 길이 주는
그림자도 길었습니다.
그러나 지금 나는 내가 가고 있는 이
길을 포기하고 그 길로 옮겨 가기에는
너무 늦었습니다.
나는 이 길을 마저 갈 수밖에 없습니
다.
지금껏 달려온 이 길이 다른 사람들의
머릿속에서 "그래, 그 길도 한번은 가볼
만한 길이었어."라는 마음 따뜻한 평가
가 내려지기를 소원하면서…

변산해수욕장

—바다—

살다가 숨이 막히면 바다로 가라.
푸른 물결 춤추는 바다로 가라.
네 마음껏 수평선을 끌어안아라.
이글거리는 가슴에 바닷물을 퍼부어
라.
슬픔과 괴로움을 씻어 내려라.
여러 번 소리쳐라.
"나는 바다다."
"나는 바다다."라고,
말없이 기다려온 네 회한悔恨의 중
심에 긍정肯定의 더운 눈물이 떨어
질 때까지.

부안댐

—수몰水沒—

눈만 뜨면 예쁜 글귀를 다듬는 시인,
운명을 마다하고 여기저기를 떠돌아
다니는 선술집 아가씨, 몸으로 시간
을 때우는 노인들도 서로 마음이 멀
어져감을 두려워한다.
어슴푸레 보름달이 홰翽를 치는 날
이면 더욱 정다웠던 지난날을 생각하
게 된다.
너나 나나 할 것 없이 한 자리에 모
여 앉아 회한悔恨의 눈물방울을 떨
어뜨린다.
지금은 오를 수 없는 이별의 언덕에
올라서서 서러운 망향가望鄕歌를
끝도 없이 부른다.

솔섬松島
—나무—

나그네와 들짐승에게 시원한 그늘
을 주는
긴 기다림의 수호신으로 서 있는
하늘을 우러러 경배하고 땅의 투기
妬忌를 달래주는
칼과 못과 망치질을 받아주는
입을 줄도 알지만 벗을 줄도 아는
진정 올 때와 갈 때를 아는
나무,
나무처럼,

수성당水城堂

—슬픔—

물끄러미 내려다보는 눈이 하나
있다.
측은한 눈, 걱정하는 눈, 의아한
눈으로 나를 내려다본다.
등 뒤에서 그가 말한다.
내게 말한다.
"세상에 슬픔은 얼마나 많은가?
그 중의 네 슬픔은 얼마나 작은
가?"

신재생에너지 테마파크

—변화變化—

세상이 변하고 있다.
아이들이 놀고 간 모래성에서 금빛
햇살이 빛나고 있고, 노인들이 먹다
버린 양파에서 껍질이 바람에 실려
한 꺼풀 두 꺼풀 떠나고 있다.
세상이 변하고 있다.
하나가 만들어질 때 다른 하나가 떠
나고 있다.
우리는 변화 속에서 살고 있다.
그러나 걱정할 필요는 없다.
변화는 보다 편안한 쪽으로 가기 위
해 우리들이 켜놓은 안심安心의 신
호등이니까.

영상테마파크

—변산성邊山城—

높은 성곽, 솟아 오른 지붕, 울퉁불퉁
한 성벽, 모두가 땀으로 이루어낸 성과
물들입니다.
하지만 이제는 오랫동안 사용하지 않아
깊은 잠에 빠져 있습니다.
그 옛날 조미미*가 저 성루에서 '바다
가 육지라면'이라고 목 놓아 노래 불렀
는데 이제 그 님은 가고 노래만 메아리
로 남았습니다.
성문을 지키는 성지기가 졸린 듯 부엉
이 눈을 뜨고 낯선 방문객들의 행동을
예의 주시하며 살피고 있습니다.
시간은 세월의 촛농이 되어 처마 끝에
서 뚝뚝 떨어지고 있는데…

*조미미: 가창력이 뛰어난 70-80년대의 대중가
요 가수

옥녀봉玉女峰

—겨울산—

들려온다.
돌 구르는 소리, 폭포 물 떨어지는
소리, 얼음 갈라지는 소리, 시냇물
흐르는 소리, 솔개 나는 소리, 마른
잎 스치는 소리, 윗마을 농부의 술
거르는 소리…
조용하다.
산은 조용하다.
하던 일을 멈추고 이런 저런 정리되지
않은 심상心像들을 비우고 있다.
어쩌다 들여다보는 세상이 사기만의
세상이 아님에 대하여, 다 익지 않은
세상이 또 다른 세상이 아님에 대하여
충분히 숙고하고 반성하면서…

우각봉牛角峰

—겨울나무—

나무들이 서 있다.
하늘을 향해 긴 머리 숙임을 하고
있다.
부끄럽지 않은 알몸이 되어 서 있다.
나무들이 보여주고 있다.
평소에 보여주지 않던 것들을 보여
주고 있다.
예의와 꾸밈을 털어버리고 돌아가는
세상을 순연順延시키고 있다.
여기 저기 보이는 하얀 휴식들,
온 세상이 톡톡 외로워지는…

월명암月明庵

—달빛—

달이 떠오르고 있다.
두보杜甫와 태백太白이 놀던 달에
계수나무와 옥토끼가 살고 있었다.
지금의 달에는 분화구와 모래사막이
놓여 있다.
달은 예나 지금이나 빛을 받아서 돌
려주고 있다.
달이 변했다고 생각하는 사람은 없다.
달은 여전히 많은 시에서 떠오르고
있다.
사람도 그렇다.
조용히 인심人心을 전하는 사람들이
있다.
그들이 전하는 마음은 우리들에게 맑
고 청량한 달빛이 되고 있다.

위도蝟島

—섬—

떠나간다.
한 사람,
섬이 보이지 않는 고갯마루 주막에서
대포 한 잔을 크게 들이켜고 다시는
돌아오지 않겠다고 굳게 맹세를 한다.
하지만 그는 돌아온다.
번잡스러움보다는 파도와 세월이 가져
다주는 고독이 더 소중하다고 여기면서…
태풍이 씻고 간 가을 하늘 한 끝을 바
라보며 외친다.
"돌아옴이 진정 매장埋葬인지 부활復
活인지 그 누가 아는가?"

위도굿
—축제—

섬이 일렁인다.
파도가 달려와 '둥글게 둥글게 게임'
을 하고 있고, 나룻배와 손님들이 줄
을 지어 좁은 통로를 드나들고 있다.
바닷가 곳곳에서는 어른과 아이들이
'행여나?'의 낚싯줄을 드리우고 있
고, 수염이 긴 염소들은 태양의 길을
따라서 축복의 대행진을 벌이고 있다.
"네 만남의 소원을 들어줄까?" 하고
넌지시 고갯짓을 하는 햇살은 다 익
은 상사화相思花 위를 한 발 두 발
조심스럽게 건너고 있다.

임수도

—공양미 삼백 석供養米 三白 石—

죽음으로 가는 길을 비춰본다.
아직까지 이 몸을 데려가지 않음은
공양미 삼백 석을 다 채우지 못했기
때문이다.
좀 더 공적功績을 쌓아야 한다.
이 몸은 고된 삶을 끝내고 싶어 한다.
하지만 간단치가 않다.
환생還生의 신이 마주하지 않기 때문
이다.
시간은 쉬이 가지 않는다.
삶은 간단치 않다.
죽음 또한 간단치 않다.
죽음으로 뻗어 있는 길은 춥고 험하다.
마음대로 되지 않는다.
죽음을 향해 간다.
하나 버리고, 둘 버리고, 셋 버리고
마지막 남은 하나마저 버리려고 한다.

하지만 환생의 신은 끄덕하지 않는다.
이유는 공양미 삼백 석이 아직 다 채
워지지 않았기 때문이다.

전라좌수영세트장

—출발—

날마다 누군가에게 '죄송합니다.'를 반복하는 삶,
나를 위함이라면 그 누군가에게는 누累가 되기 마련이다.
하지만 어제 만든 잘못과 방금 전에 일어난 좋지 않은 생각도 잊음이라는 쓰레기 봉투에 넣어 한꺼번에 치워 버릴 수 있는 좋은 기회가 왔다.
모든 것들을 잊고 다시 출발하자.
두 다리가 비록 혼탁의 이기심에 빠질지라도 남은 양심을 등불처럼 지켜가며 기분 좋게 하루를 살아가자.
말도 안 되는 행복의 양 계산 때문에 번민에 빠지지 말고 12척으로 나라를 건진 이순신 장군처럼 위기에 처할수록 용감히 앞으로 나아가자.
아침이 주는 좋은 기운을 온몸에 골고루 배분配分해가며,

풍력발전소

—풍차風車—

사랑도 했고 미워도 했습니다.
하지만 당신을 연모戀慕할 수 있
었던 것은 더할 수 없는 행복이었
습니다.
그렇게 좋은 시절 다 보내놓고 이제
는 혼자 남아 그리움의 언덕을 오르
고 있습니다.
눈물은 다 말라서 보이지 않고 가슴
은 다 파여서 덮여지지 않습니다.
길고 긴 해 그림자 홀로 늘어뜨리고
스러지는 황혼 길을 가고 있습니다.
어느덧 바람도 실리지 않는 돌지 않
는 풍차 되어…

해창海倉
—봄빛—

겨울이 지나갔다.
봄이다.
그림자가 드리워지지 않는 맑은 시간
이다.
사는 것은 지금이다.
햇볕은 따사롭게 내리쬐고 있다.
바람은 정결하고 시원하다.
봄 마중을 가야 한다.
봄빛이 내 발 가까이에 와 있음을 축
복해야 한다.
환하게 핀 진달래 등성이,
휘날리는 분홍 산비탈,
하늘로 솟아오르는 꿈,
가자 산언덕으로,
휘영청 달아오른 화흥花興의 언덕으
로,

효충서원效忠書院
—걸음—

보이지 않는 저 끝을 향하여 걸어 나
간다.
그 옛날 예수와 석가가 그의 제자들에
게 '네가 걷는 걸음의 참 의미를 생각
하라!'라고 외치던 정사유正思惟의
발걸음을 삶의 그늘 위에 한 발 두 발
찍으며 간다.
"이것이 깨달음을 얻는 나의 수행의
마지막 발걸음이 되었으면…"라고 소
원하면서,

제5부

• • •

소금밭

남포리南浦里

—징검다리—

징검다리 건너야 또 다른 세상을 만날 수 있다.
하지만 동시에 두 명이 같이 건널 수는 없다.
이 빠진 윗마을 형식이 할아버지도 키 작은 아랫마을 이쁜이 할머니도 동그란 징검다리 홀로 건넜다.
삶이란 무엇인가?
새로운 세상을 만나기 위해 징검다리를 건너는 것 아닌가?
그러기에 어떤 사람에게는 어떤 준비가 필요하고 다른 사람에게는 다른 준비가 필요하다.
슬픔과 기쁨을 안고 건너는 운명의 징검다리, 징검다리 건너가기 전에 한 번쯤 주위를 돌아볼 필요가 있다.

내소사來蘇寺

—눈—

쌓인다.
눈이 쌓인다.
신발 위에도, 어깨 위에도, 눈
썹 위에도, 내 기억의 정수리에
도 하얀 천사 옷이 입혀진다.
벌거벗고 회개하는 이 몸에 다
시는 죄 짓고 살지 말라고 하얀
방면放免의 옷이 너울너울 입
혀진다.

대불사大佛寺

―즐거운 산사山寺―

일주문一柱門에 기대어 서서 하나가 아닌
것을 살펴보니 아무것도 없네요.
무엇이 둘이라서 불이不二이라 했을까요?
해도 하나요, 달도 하나요, 나그네도 하나요,
님도 하나요, 돌아가고 싶지 않은 마음도 하
나인데…

사천왕四天王님 두 눈에 불을 켜고 온갖
무기로 무장하고 수문장을 서니 영문 모르
고 찾는 이는 무섭다고 하네요.
두 눈 지그시 감고 세상의 소리를 듣는 너
그러운 사천왕은 어디 없나요?
이제 위엄은 내려놓으시고 비파 소리에 맞
추어서 재미있는 옛날이야기를 들려주심이
어떠하실는지요?

큰 법당 한가운데 좌정坐定하고 계신 부

처님,
입가에 미소 띠우시며 무슨 생각을 하고 계
신가요?
부처님 손 모으시고 귀를 대라고 하시네요.
"여보게, 이리 와서 나 등 좀 긁어주려나?.
너무 오래 이 자세로 앉아 있다 보니 등이
가려워서…"
"호호, 다음에는 부처님께 꼭 효자손을 가져
다 드려야지."

"땡그랑 땡그랑"
조용한 산사에서 종소리가 나네요.
산사에 계신 분들 모두 잠에서 깨어나 귀를
쫑긋하네요.
사는 것이 무료하거든 바람에 이는 풍경 소
리를 들어보세요.
리듬에 맞추어서 저 멀리 반야般若세계*로

무심無心 여행을 떠나보세요.

* 반야般若세계: 깨달음의 세계.

반계서당磻溪書堂

—실사구시實事求是—

강이 흐른다.
이리로 저리로 흘러 반듯해진다.
강은 반듯하다.
구부러진 듯 보이지만 반듯하다
생각이 흐른다.
이렇게 겉돌고 저렇게 겉돌지만 심중心中은 매 한가지이다.
바르게 간다.
겉으로는 따로 가고 있는 것처럼 보이지만 언젠가는 서로 만나 함께 간다.
세상 사 모든 것이 얼핏 보면 흐려 있고 구부러져 있는 것처럼 보이지만
결국은 맑고 바르게 간다.

보안保安장터

—장터 소리—

부처님 믿고 극락 갑시다! 허망하지 않은 삶이 어디 있겠습니까? 석가모니불, 비로자나불, 로자나불, 아미타불, 관세음보살, 지장보살, 보현보살, 문수보살, 대세지보살… 믿고 극락 갑시다.

예수 믿고 천당 갑시다! 사랑 없이 살 수 있는 사람이 어디 있겠습니까? 베드로, 야고브, 요한, 빌립, 바돌로매, 안드레, 마태, 도마, 시몬, 누가, 나다니엘, 바울… 믿고 천당 갑시다.

칼 갈아요! 부엌칼, 식칼, 무 썰다 부러진 칼, 쓰다가 만 장도칼, 숨겨놓은 은장도 다 갑니다.

애들은 가라! 뱀이요! 뱀! 비단뱀, 물뱀, 꽃뱀, 까치독사, 능구렁이, 살모사, 아나콘다, 길가에서 주은 뱀 다 팝니다.

튀밥이요! 튀밥! 강냉이 튀밥, 쌀 튀밥, 보리 튀밥, 콩 튀밥, 연근 튀밥, 먹다 남은 누룽지 튀밥 다 튀깁니다. 튀밥이요! 펑!

개 삽니다! 똥개, 진돗개, 풍산개, 삽살개, 발발

이, 그레이하운드, 폴리, 불독, 치와와, 마루 밑에 숨은 개 다 삽니다.

노래 시디(CD) 팝니다. "아이야 뛰지 마라. 배 꺼질라. 가슴 시린 보릿고개길. 주린 배 잡고 물 한 바가지로 배 채우시던…" 김정구, 이미자, 남진, 나훈아, 현철, 송대관, 태진아, 진성 다 팝니다.

사탕 사세요! 사탕이요! 눈깔사탕, 박하사탕, 계피사탕, 콩사탕, 청포도사탕, 누룽지사탕, 장롱에서 찾은 사탕 다 팝니다.

엿 사세요! 울릉도 호박엿, 둥글둥글 수박엿, 봉산 대추엿, 쫄깃쫄깃 찹살엿, 딱 벌어졌다 나팔엿, 백설같다 백설기엿 사세요. 금이빨 부러진 것, 양재기 떨어진 것, 사발시계 부서진 것, 고무신짝 떨어진 것, 내외간이 싸우다가 숟가락 몽둥이 부러진 것 다 받습니다.

석포리石浦里

—들국화—

드높은 가을 하늘 어머니 마음, 물밀 듯
이 밀려오는 자식 걱정.
마음은 '괜찮아 괜찮아' 하는 다짐이지만
불안은 턱 밑에서 어른거립니다.
지나가는 세월이 '시간은 당신 편이야'라
고 아무리 외쳐주어도 속절없이 파고드는
걱정의 들락거림은 막을 수 없답니다.
세상사 보내기에 가장 위로가 되는 것은
그래도 당신 곁에서 친구 되어 웃어주는
노란 들국화 그대뿐인가 봅니다.

염전鹽田

—얼굴—

매일 매일 살펴본다.
나의 얼굴을,
눈, 코, 귀, 입…
제자리에 잘 자리 잡고 있는지?
바람이 불고 비가 와서 변하지는
않았는지?
그 어디 어디에 고난의 흔적들이
덕지덕지 붙어 있지는 않는지?
눈썹 빠지고, 머리 빠지고, 여기
저기에 분화구 피고, 어느새 전
눈, 전 귀, 전 코, 전 입
되어 세월에 삭은 몸을 더 쓸쓸
하게 만들고 있지는 않는지?

우동리牛洞里

—변명辨明—

글을 쓴다.

어제와 똑같은 말과 단어를 사용하여 나의 의사를 전달함에 대하여 나는 한계를 느끼고 괴로워한다.

그것은 내가 글을 쓰는 사람이기 때문이다.

하지만 나는 24시간 동안 글을 쓰는 사람은 아니다.

그런데도 난 24시간을 나 아닌 글을 쓰는 사람으로 살고 있다.

밀면 떨어질 것 같은 벼랑에 나를 세워놓고 변화에 대하여 채찍질을 하고 있다.

나는 농사짓는 사람이고, 물건을 만드는 사람이고, 안전 점검 요원이며, 각종 물품에 대한 소비자이며, 공동생활을 하는 마을의 주민이다.

난 단지 글을 쓸 때만 글을 쓰는 사람이다.

운호리雲湖里

—동구나무—

긴 세월 귀를 열고 하늘을 향해 솟아오
르는 동구나무,
사람들의 오래된 이야기를 듣고 있다.
아랫마을 누가 뭘 어찌하고 윗마을 누
가 뭘 어찌했다는…
하루 종일 들은 이야기를 자기 이야기인
양 삭이고 가슴을 두드린다.
큰물이 지면 나무는 물속에 들어간다.
쌓였던 기억은 떠내려가고 족집게 같은
예감은 무뎌진다.
처음부터 기억을 다시 해야 한다.
"지금 내가 왜 여기에 서 있나?"부터…
수많은 관계와 관계 속에서 맺어지는 복
잡한 세상사世上事를 정리하면서,

유천서원柳川書院

—여보, 나 늙으면—

여보, 나 늙으면
돈 걱정, 자식 걱정, 부모님 걱정으로
짓눌렸던 당신 어깨 두드리며 당신과
함께 높은 하늘 바라보며 주름살 활
짝 펴고 웃으며 살고 싶어.

여보, 나 늙으면
정신없이 살아온 당신 얼굴 바라보며
그동안 애써왔던 당신 마음 헤아리며
당신 손 꼭 잡고 그렇게 살고 싶어.

여보, 나 늙으면
텃밭에 옥수수, 가지, 감자, 방울토마
토 심고 거기에서 나오는 알 굵은 열
매들을 당신 입에 넣어주며 당신 웃
는 모습 바라보며 그렇게 살고 싶어.

여보, 나 늙으면
남은 해가 얼마나 더 짧아질지 모르지만 당신이 늘 말하던 한 점 구름 없는 선인善人이 되어 가슴 아픈 이들의 마음속을 위로해주는 그런 삶을 살고 싶어.

여보, 나 늙으면
언제나 나의 힘, 나의 보금자리인 당신 품속에서 당신과의 즐거웠던 지난날들을 회상하며 남은 생을 조용히 마치고 싶어.

자연생태공원

—풀—

뽑아도 뽑아도 다시 올라오는 풀,
자기는 죽어도 금세 다른 이에게 자
리를 내어주는 생사生死를 초월한
장엄한 흐름의 장場,
농사짓는 이여,
풀 때문에 괴롭다고 말하지 마십시오.
이것은 삶의 파노라마요.
거대한 행위예술입니다.
바람이 불 때마다 일렁이는 저 물결
을 보십시오.
즐기십시오.
당신이 그 축제에 참여하고 있음을
감사 하십시오.
당신은 비록 그 행사에서 덕을 본 것
이 없었다고 투덜대겠지만 오랜 비바
람 속에 고개 숙이고 있는 산천의 의
구依舊함에 비하면 그것은 아무것도
아닐 것입니다.

정사암靜思庵
—하루—

하루를 확인하고,
하루에 들어가고,
하루를 생각하고,
하루를 계획하고.
하루를 시작하고,
하루를 만들어 가고,
하루를 점검하고,
하루를 마무리하고,
하루를 완성하고,
하루를 반성하고,
남은 하루를 허겁지겁
빠져나간다.

줄포茁浦

—줄포 가는 길—

고향을 떠나온 지 어느덧 몇 해, 몸과
마음이 피곤하니 그리운 고향 생각이
절로 나는구나.
우리 서로 포기하지 않고 살다보면 언
젠가는 뜨거운 손 맞잡게 되겠지.
아 흘러가는 조각구름아,
가다가 줄포에서 우리 님 만나거든 내
가 얼마나 그대를 사랑하는지를 전해주
려무나.

당신을 떠나온 지 어느덧 몇 해, 자다
가 당신 생각을 하니 두 눈에 더운 눈
물이 맺힙니다.
우리 서로 잊지 않고 살다보면 언젠가
는 당신 곁에 내가 있게 될 것입니다.
아 흘러가는 조각구름아,
가다가 줄포에서 우리 님 만나거든 내

가 얼마나 그대를 그리워하는지를 전

해주려무나.

줄포농공단지

—작업복—

작업복을 입는다.
환갑이 넘은 나이에,
작업복 입고 앞뒤 안 가리고 열심히
일하던 시절을 떠올린다.
옷에 묻은 기름때를 조국 근대화의
상징으로 여기며 "노동자 편이냐?
사용자 편이냐?"로 곤란해 했던 나의
격동기 시절을 떠올린다.
하 하 하,
하지만 이제는 별 생각 없이 입는다.
그저 야윈 몸을 감싸주는 따뜻한 방한
복으로,

줄포우체국

—우편배달원—

엄마 닭의 가슴처럼 따뜻한 낭만이 실려
있던,
앳된 소녀의 사랑 이야기가 포근히 담겨
지던,
아 그러나 이제는 오지 않는 고도孤島
에서의 그리움.
떠밀려오는 것은 세금 고지서, 교통범칙금
통지서, TV 홈쇼핑 광고물, 법원 소환 알
림장…
감정선感情線도 이미 지워져버린 무심한
고객을 앞에 두고 꿈과 사랑을 배달해 줄
사랑의 오토바이는 한 모금 동정 어린 눈빛
의 교환도 없이 칠월의 땡볕 속으로 사라
져간다.

줄포茁浦저류지
—갈대의 노래 —

내 죽음이 오더라도 물러섬은 없다.
나는 나의 동지들과 함께 승리의 노래
를 부르리라.
훌러덩 웃통 벗고 빈 들판에서 점핑춤*
을 추리라.
칠월 뙤약볕 아래 우리 함께 있었음을
온 세상에 알리리라.
우리 함께 있어 행복했노라고,
우리 함께 있어 감사했노라고,
비 오는 날 쑥쑥 자라 누구 부럽지
않게 하늘에 닿고 싶은 마음,
그 마음 잊지 않겠다고,
언제 어디서고 하늘에서 내려오는 첫
이슬을 마시며 금세 제 모양새를 찾는
그 정신 잊지 않겠다고,

*점핑춤(adumu): 목축을 하는 마사이족의 체력 소모가 많은 활발한 전통춤.

진서鎭西보건지소

—발—

보이지 않는 곳에 있으면서도 언제나
힘든 일을 도맡아 하는 당신,
같이 살아왔지만 앞발 두 개는 '손'이
라고 개명改名하고 일찌감치 두 손 들
고 떠나버리고 끝까지 남아 온 고생을
다 해가며 삼천세계三千世界를 떠받치
고 계신 당신,
머리에서는 자존심을 내세워 험한 곳에
가지 말라고 계시啓示하지만 당신은
언제나 옳음을 지향하여 의로운 곳으로
나서셨습니다.
철없던 시절에는 나의 마지막 순간에
문드러지고 갈라진 당신과 함께 관속에
들어가는 것을 창피한 일이라고 생각했
습니다.
부끄럽습니다. 아 이제는 나를 위해 수 없이 역경逆

境을 넘으신 당신께 진정으로 감사의 인사를 드립니다.

'감사합니다.'

진서마등초등학교

―과거에 대한 토로―

오늘도 오랫동안 과거 속에 빠져 있다가
돌아왔다.
하지만 살아있는 한 해야 할 일을 해야
하고 가지 않던 길도 가야 한다.
보이지 않는 미래는 항상 버겁다.
과거는 정겹고 슬프고 가슴 쓰린 기록
영화다.
과거를 들춰봄은 오늘을 사는 약이 되고
있다.
죽는 날까지 과거를 정리하고 되새기고
위로받고 안쓰러워하고…
우린 그렇게 살다 갈 것이다.
지금까지 산 것을 자신의 인생이라고 말
하면서,
더 이상은 감당할 수 없을 때 마침내 두
손을 들고 말할 것이다.

석연치 않은 표정을 지으며,
"그렇다고 그것이 내 삶의 전부는 아니었는데…"

청자박물관青磁博物館

—도공陶工의 별—

어스름 달빛 아래 손을 잡는다.
멀리 고향 떠나온 이야기들을 한다.
한울님을 위한 일이라면 물불을 안 가
리던 그들,
그들 앞에 그 무엇인들 어려울 게 있으
리요?
몇 날 며칠을 서로 손잡고 따뜻한 입김
을 불어 넣어 스스로 흙이 되고 스스로
기름이 되어 서로의 영혼을 불 지피며
아무도 함부로 넘보지 못하는 걸작들을
만들어 냈다.
한 번 두드림에 금계사金溪寺의 종이
울리고 두 번 두드림에 변산곶이 진동
하는 흙에서 나와 흙으로 돌아가는 그들
의 별이 오늘따라 기운차게 빛나고 있다.

효자비孝子碑

—어머니—

자식을 위한 일이라면 물불을 가리지
않고 뛰어들었던 여장군女將軍,
하지만 이제는 다 늙어 거죽만 남은
넘어지고 다쳐도 안 다쳤다고 입 다무
시는 그저 어서 죽기만을 바라신다는
“저 멀리 스위스에 둘이 가서 당신
상자 하나만 들고 오면 된다.”고 말씀
하시는,
살아온 세월을 이 끈 저 끈으로 수 없
이 묶어 매달아 놓고 매듭이 어서 끊어
지기만을 기다리고 계시는 나의 어머니,
하루에도 열두 번씩 긴 목숨을 조였다
풀었다 하며 목숨 줄에 가위질을 해대
시는 나의 어머니,
연세 구순九旬의 아직은 덜 늙으신 나
의 어머니.

휘목미술관

—자화상自畵像—

나의 얼굴을 그렸다.
그림 속엔 나 아닌 다른 사람이 들어
있다.
그림을 다시 그렸다.
그래도 나의 얼굴이 아니다.
나는 그림 속에 고통이 없는 미소 띤
환한 얼굴이 담겨지길 바랐다.
하지만 나는 하늘을 바라보며 쓴 웃음을
짓고 있는 외롭고 쓸쓸한 낯선 얼굴을
그려 넣고 말았다.
몇 번을 다시 그려도 나중의 얼굴은 처
음의 얼굴을 가리지 못하였다.

| 해설解說 |

마음으로 그리는 부안 고을

石峰 오 성 환

부안은 멋과 풍요의 고장이다. 부안에는 산과 들과 바다가 모두 있어 여기에 사는 사람들은 옛날부터 풍요롭고 멋스러운 생활을 해왔다. 이곳의 산과 들과 바다에서는 좋은 산나물과 알찬 곡식과 싱싱한 채소와 귀한 해산물이 많이 나 이것들은 한양으로 올라가 임금님의 수라상에 오름은 물론 멀리 일본으로도 수출되었다.

아름다운 자연의 보고인 부안은 국내 사람들에게는 물론 해외 사람들에게도 널리 알려져 있어 해마다 많은 관광객들이 부안을 찾고 있다. 21세기에 들어선 지금 우리는 부안을 찾는 사람들이 단순히 보는 관광에서 벗어나 아름다운 부안의 멋과 삶을 느낄 수 있도록 부안의 문화와 풍습은 물론 오래전부터 이어져 내려온 부안만의 고유한 특색을 재발

견하고 이것을 새로이 기획 구성하여 널리 홍보해야 한다고 생각한다.

그럴 즈음에 나의 친구 정천靜天이 부안 홍보의 일환으로 부안의 고적과 부안 사람들의 삶에 대하여 심도 있게 분석하여 거기에 맞는 시와 해학을 가미한 기행시집을 발간한 것은 가히 가치 있는 일이라 아니 할 수 없다.

무릇 많은 이들이 이 책을 읽어 아름다운 부안의 삶과 멋을 이해하는데 큰 도움을 받았으면 한다,

시인은 부안을 4개 권역인 성내마을, 안골 강마을, 갯바람터, 소금밭으로 나누어 묘사하고 있다.

시인은 제1부 변산곶에서는 부안이 주는 대표적인 이미지를 전달하는 내용으로 기술하고 있고, 제2부 성내마을에서는 부안읍성 안에 사는 사람들의 생활상을, 제3부 안골 강마을에서는 동진강을 끼고 살아가고 있는 계화, 동진, 백산, 상서, 행안, 주산 사람들의 생활상을, 제4부 갯바람터에서는 서해 바다를 끼고 살아가는 하서, 변산, 위도 사람들의 생활상을, 제5부 소금밭에서는 변산곶 남서부의 염전鹽田 인근에 사는 진서, 보안, 줄포 사람들의

생활상을 그리고 있다.

시인은 제1부 변산곶에서는 〈바다〉, 〈고인돌〉, 〈능가산의 봄〉, 〈흐름〉, 〈파도〉, 〈바지락 칼국수〉, 〈갈매기의 외침〉, 〈정성〉, 〈연민〉, 〈김삿갓 부안 방문기〉 등을 통해 부안에 사는 사람들의 전체적인 생각을 전하고 있다.

> 멀리 물러났다 옛 친구처럼 다시 돌아와 네가 사는 이야기를 구어체로 들려주는 바다여, 바다여 너는 아느냐? 살아있는 모든 것들의 타들어가는 속이 네 가슴 속 그것과 별반 차이가 없음을,
>
> —〈바다〉 중에서

> 그 모든 것들이 균형으로 자리 잡고 앉아 여길 찾는 사람들의 머릿속으로 순식간에 옮겨가는 순간이동의 기이한 현상을 보라. 어제와 같은 오늘이 수십만 번 계속되도록…
>
> —〈고인돌〉 중에서

> 어느덧 검은 머리에 흰서리가 지고 주름은 고드름되어 줄줄 맺히는데 아이들은 자라서 다시 어른이 되었고 정신없이 달려가는 인생길 한쪽에는 따사로

운 봄 햇살이 내려 쪼이고 있네.

—〈능가산의 봄〉 중에서

모여 모여 흘러가는 시냇물, 어디로 흘러가는 흐름일까요? 갈 곳 몰라 하는 나그네의 발길을 묶는 흐름들이여, 그대들 향함은 나를 어디로 인도하는 아라비안나이트의 숨은 그림인가요?

—〈흐름〉 중에서

언젠가는 다시 돌아오겠다고 큰소리치던 나의 용기는 돌아올 기회를 놓치지 않으려는 파도처럼 지금쯤 어디에서 회군의 여섯 장단 북장단을 치고 있을까? 그냥 떠나버리지 못하고 늘 왔던 곳으로 다시 돌아오는 파도, 소리 들린다. 어디에선가 솨–솨– 솨–솨– 솨–솨–.

—〈파도〉 중에서

눈 푸르던 시절의 진한 우정은 어디에 묻혀버리고 안타까운 기다림만 어느 기억 속에 몸 둘 바를 몰라 하는가? 아직도 함께 먹던 바지락칼국수 그 국물 맛은 혀끝에 동동한데…

—〈바지락 칼국수〉 중에서

세상사 모든 것을 다 소화시키려다 배 터져 죽은

어우동의 환생으로 탄생한 나다. 싸구려! 싸구려! 오늘도 값 싸고 물 좋은 생것들이 내 앞에 있다. 내가 소리치면 바닷물이 출렁이고 놀라운 일이 여기저기에서 벌어진다.

—〈갈매기의 외침〉 중에서

삶은 정성입니다. 우린 가야 합니다. 모든 것을 안고 묵묵히 느림보 거북이처럼 수처작주 입처개진隨處作主 立處皆眞의 자세로,

—〈정성精誠〉 중에서

세상 끝나는 날까지 자신이 특별한 존재임을 들먹이며 끈덕지게 따라붙을 연민에 대하여, 그러나 결국은 정중한 손사래로 이별을 고해야 할 그에 대하여,

—〈연민〉 중에서

해밝은 월영月影 아래 신선되어 노닐다가 풍류 부안을 떠나려 하니 위도의 갈매기도 꺼억꺼억 울고 줄포의 연락선도 부웅부웅 우는구나. 하지만 어찌하랴 만나면 헤어져야 하는 것이 인지상정人之常情인 것을, 부디 이 몸 떠나더라도 살기 좋은 부안에서 세세손손世世孫孫 만년만복萬年萬福 행안幸安을 누리시며 잘들 살아가시구려!

—〈김삿갓 부안 방문기〉 중에서

시인은 제2부 성내마을에서는 〈누구를 위한 삶〉, 〈좋은 글 쓰기〉, 〈가난〉, 〈북소리〉, 〈흑과 백〉, 〈일출〉, 〈백지장〉, 〈소리〉, 〈아버지〉, 〈골목길〉, 〈글쓰기〉 등을 통해서 부안읍성 안에 사는 사람들의 생각을 전하고 있다.

> 그 누구가 내가 없으면 안 된다고 하는데 어찌 내가 내 삶을 함부로 할 수 있겠습니까? 우리 모두 누구를 위한 삶을 살아갑시다. 누구를 위하여, 이보다 더 거룩하고 예쁜 말은 없습니다.
>
> —〈누구를 위한 삶〉 중에서

> 좋은 글은 맑은 시냇물 위에 이는 고운 물결이요, 실바람에 잘 말린 새 돗자리와도 같으니, 애타는 정, 끓어오르는 가슴, 넘치는 슬픔을 그리움에 듬뿍 담아 곱게 쓰면 되는 것입니다.
>
> —〈좋은 글 쓰기〉 중에서

> "가난한 자여 모두 내게 오너라. 천국이 모두 너희 것이니라." 오늘만큼은 그냥 없어도 좋을 없어도 좋을 가난이 살고 있다. 마음 따뜻한 가난이 내 안에 살고 있다.
>
> —〈가난〉 중에서

둥 둥 둥, 북소리 들린다. 네게 묻는 북소리 들린다. "너는 무엇을 하며 살고 있는가? 네가 하는 일은 어떤 가치가 있는가? 아니면 어떤 가치가 없는가? 또한 어떻게 하면 가치가 있는 일이 되고 어떻게 하면 가치가 없는 일이 되는가?"

—〈북소리〉 중에서

아무리 아름다운 빛깔이라고 하여도 검정 밖에 있지 않고 아무리 현란한 빛깔이라고 하여도 무색 이전에 있지 않습니다. 희망과 절망이 서로 발을 묶고 끝없이 함께-달리기를 계속하고 있는 것처럼…

—〈흑과 백〉 중에서

홍보석 같은 해의 탄생을 보게 되리라. 따뜻한 빛의 놓여남을 보게 되리라. 수천만 번 광명을 산출産出해 낸 저 어둠이 만든 튼실한 태실胎室 속에서 올라오는 맑고 우람한 빛을…

—〈일출日出〉 중에서

나 죽어 백지장을 든 이 한 손을 놓아도 또 다른 이가 얼른 뛰어들어 반반한 백지장을 만들어 갈 것이다. 인생은 백지장, 세상은 백지장, 백지장 한 끝을 나누어 들고 살고 있다.

—〈백지장〉 중에서

마음속에 가시가 되어 따라다니던 젊은 날의 과오와 미래에 대한 두려움이 함께 굴렁쇠가 되어 돌아가는 소리가 들려온다. 돌돌돌 펼쳐지지 않는 뫼비우스(Moebius)의 띠가 되어 돌아가는 소리가 들려온다.

— 〈소리〉 중에서

숙여진 당신의 무덤에서 나의 그림자를 걷어내지 못하는 것은 먼저 세상을 알고 근심을 알고 간 당신의 짐을 이제는 내가 지고 가기 때문입니다. 노랑나비 떼 분분히 나는 유전流轉 짐을…

—〈아버지〉 중에서

골목길은 너와 나의 추억의 교차로이다. 가끔은 기울어진 벽에 젊은 연인들이 달려와 멋있는 솔거 그림을 그려놓고 가는 푸진 세월의 휴게소이다.

—〈골목길〉 중에서

나의 형제들은 가끔 사냥을 나갔다. 힘이 없는 나는 동굴에 남아 나의 형제들이 들짐승을 잡는 광경을 숯으로 그리곤 했었다. 나의 글쓰기는 그런 낙서로부터 시작되었다. 그것은 나의 삶에 대한 불만족의 토로吐露였다.

—〈글쓰기〉 중에서

시인은 제3부 안골 강마을에서는 〈빈 집〉, 〈소라다방〉, 〈동학군〉, 〈차를 보내면서〉, 〈콩 따는 계절〉, 〈출전〉, 〈삶〉, 〈고향집〉, 〈성인星人〉, 〈참전〉 등을 통해서 동진강을 끼고 살아가는 사람들의 생각을 전하고 있다.

바람 쉬어가고 구름 놀다가는 집, 소나기가 이따금씩 회포를 풀고 가는 집, 달걀귀신 대추나무 도깨비가 나올 것 같은 빈 집에 왕거미가 어슬렁 집을 짓고 있다.

—〈빈 집〉 중에서

얼룩진 벽에는 고된 세월을 이겨낸 사군자 그림이 비보풍수裨補風水로 붙어있고 수많은 인연들이 스쳐 지나간 안락의자 손잡이엔 아직도 미납未納의 광채光彩가 내리고 있다.

—〈소라다방〉 중에서

변화를 기다리는 동지들이여, 변하지 않는 것이 있음에 대해서도 감사하라. 우리는 예측 가능함과 예측 불가능함 사이에서 희망이란 솟대를 높아 걸어놓고 사는 그래도 의지 굳은 사나이들이다.

—〈동학군〉 중에서

이제 나는 당신을 당신의 안식처로 편안히 모십니다. 당신은 인위적 조립품에서 벗어나 자유로운 영혼으로 돌아갑니다. 그간 겪었던 온갖 역경에서 벗어나 물아일체物我一體의 참 세계에 들어갑니다. 나의 진중한 감사기도와 함께,

—〈차를 보내면서〉 중에서

매일같이 몰래 숨어 꿈을 먹고 자란 콩, 이제는 한 알 한 알 하늘로 올라가 지혜로운 신농씨神農氏의 수위守衛별이 될 살지고 야무진 콩을 땁니다.

—〈콩 따는 계절〉 중에서

"민중은 있어도 나는 없고 나는 없어도 민중은 남는" 싸움터로 간다. 나 한목숨 바람 되어 님들이 사는 동네 위를 휘휘 돌아 언제고 내 이야기를 들려 줄 수 있다면 종래에는 슬픔도 좌절도 없는 우리 모두의 이야기가 될 참된 오늘을 위하여…

—〈출전〉 중에서

'다시 삶으로' 언젠가 일곱 빛깔 무지개 되어 하늘로 올라갈 그날까지, 그러다 인간 세상 그리워지면 한 발 가볍게 연꽃 위에 까치발을 내려놓을 그때까지,

—〈삶〉 중에서

해가 뜨면 방안 깊숙이 햇살이 나비처럼 날아들던 집, 미루나무 위애서 까치가 청승맞게 울던 집, 할아버지가 긴 담뱃대를 물고 열림 퇴창문 밖으로 학교에 간 손자를 기다리던 집, 여름밤이면 모깃불을 피워놓고 밤새도록 할머니의 귀신 나오는 옛날이야기를 듣던 집,

—〈고향집〉 중에서

살아가는 데 필요한 여러 가지 것이 부족하여 삶의 전쟁터에 가족들을 내보내야 했고 듣기 싫은 소리도 들어야 했다. 이런 꼴 저런 꼴 보기 싫어 깜깜한 밤중에 청림 오두막에 들어가 별을 헤고 사니 사람들은 그를 보고 별난이星人이라고 불렀다.

—〈성인星人〉 중에서

임진년 치떨었던 그날을 회상하며 다시 저 들판에 나를 띄워 보내려 한다. 침입자 없는 참 세상을 만들기 위하여 손에 손 맞잡고 창을 움켜쥐고 급한 발을 동동 굴러 청등淸嶝으로 간다. 하늘엔 오색 깃발 높이 휘날리며…

—〈참전參戰〉 중에서

시인은 제4부 갯바람터에서는 〈동그라미〉, 〈간조〉,

〈바다〉, 〈수몰水沒〉, 〈슬픔〉, 〈겨울산〉, 〈섬〉, 〈공양미 삼백 석〉, 〈풍차〉, 〈봄빛〉 등을 통해서 서해바다를 끼고 살아가는 사람들의 생활상을 전하고 있다.

> 빨리 달릴 수는 없어도 가다가 멈춰 서서 하늘을 보는 여유로 삶의 방향터를 바꿔가면서 나아가고 있다. 뻗어도 뻗어도 닿지 않는 나의 긴 여행의 목적지를 향하여,
>
> —〈동그라미〉 중에서

> 어느덧 보이지 않는 실망만 푸석푸석한 짚섶이 되어 회한의 눈물가루 여기저기에 날리고 있던 말인가? 아 무너질 듯 빠져나가는 나의 텅 빈 바다여,
>
> —〈간조〉 중에서

> 슬픔과 괴로움을 씻어 내려라. 여러 번 소리쳐라. "나는 바다다." "나는 바나다."라고, 말없이 기다려온 네 회한悔恨의 중심에 긍정肯定의 더운 눈물이 떨어질 때까지,
>
> —〈바다〉 중에서

> 너나 나나 할 것 없이 한 자리에 모여 앉아 회한의 눈물방울 떨어뜨린다. 지금은 오를 수 없는 이별의 언덕에 올라서서 서러운 망향가를 끝도 없이 부른다.

—〈수몰水沒〉 중에서

눈이 하나 있다. 측은한 눈, 걱정하는 눈, 의아한 눈으로 나를 내려다본다. 등 뒤에서 그가 말한다. 내게 말한다. "세상에 슬픔은 얼마나 많은가? 그 중의 네 슬픔은 얼마나 작은가?"

—〈슬픔〉 중에서

하던 일을 멈추고 이런 저런 정리되지 않은 심상心像들을 비우고 있다. 어쩌다 들여다보는 세상이 자기만의 세상이 아님에 대하여 다 익지 않은 세상이 또 다른 세상이 아님에 대하여 충분히 숙고하고 반성하면서…

—〈겨울산〉 중에서

번잡스러움보다는 파도와 세월이 가져다주는 고독이 더 소중하다고 여기면서… 태풍이 씻고 간 가을 하늘 한 끝을 바라보면 외친다. "돌아옴이 진정 매장埋葬인지 부활復活인지 그 누가 아는가?"

—〈섬〉 중에서

죽음을 향해 간다. 하나 버리고, 둘 버리고, 셋 버리고 마지막 남은 하나마저 버리려고 한다. 하지만 환생의 신은 끄덕하지 않는다. 이유는 공양미 삼백 석이 아직 다 채워지지 않았기 때문이다.

—〈공양미 삼백 석〉 중에서

눈물은 다 말라서 보이지 않고 가슴은 다 패여서 덮여지지 않습니다. 길고 긴 해 그림자 홀로 늘어뜨리고 스러지는 황혼 길을 가고 있습니다. 어느덧 바람도 실리지 않는 돌지 않는 풍차 되어…

— 〈풍차〉 중에서

환하게 핀 진달래 등성이, 휘날리는 분홍 산비탈, 하늘로 솟아오르는 꿈, 가자 산언덕으로, 휘엉청 달아오른 화흥花興의 언덕으로,

—〈봄빛 〉중에서

시인은 제5부 소금밭에서는 〈얼굴〉, 〈풀〉, 〈줄포 가는 길〉, 〈우편배달원〉, 〈갈대의 노래〉, 〈과거에 대한 토로〉, 〈도공陶工의 별〉, 〈어머니〉, 〈자화상〉 등을 통해서 변산곶 하단의 염전鹽田 지역에 살고 있는 사람들의 생활상을 전하고 있다.

벌거벗고 회개하는 이 몸에 다시는 죄 짓고 살지 말라고 하얀 방면放免의 옷이 너울너울 입혀진다.

—〈눈〉 중에서

그 어디 어디에 고난의 흔적들이 덕지덕지 붙어 있지는 않는지? 눈썹 빠지고, 머리 빠지고, 여기저기에 분화구 피고, 어느새 절은 눈, 절은 귀, 절은 코, 절은 입 되어 세월에 삭은 몸을 더 쓸쓸하게 만들고 있지는 않는지?

—〈얼굴〉 중에서

바람이 불 때마다 일렁이는 저 물결을 보십시오, 당신은 비록 그 행사에서 덕을 본 것이 없었다고 투덜대겠지만 오랜 비바람 속에 고개 숙이고 있는 산천의 의구依舊함에 비하면 그것은 아무것도 아닐 것입니다.

—〈풀〉 중에서

당신을 떠나온 지 어느덧 몇 해, 자다가 당신 생각을 하니 두 눈에 더운 눈물이 맺힙니다. 우리 서로 잊지 않고 살다보면 언젠가는 당신 곁에 내가 있게 될 것입니다. 아 흘러가는 조각구름아 가다가 줄포에서 우리 님 만나거든 내가 얼마나 그대를 사랑하는지를 전해주려무나.

—〈줄포 가는 길〉 중에서

감정선感情線도 이미 지워져버린 무심한 고객을 앞에 두고 꿈과 사랑을 배달해 줄 사랑의 오토바이는 한 모금 동정어린 눈빛의 교환도 없이 칠월의 땡볕 속으로 사라져간다.

—〈우편배달원〉 중에서

우리 함께 있어 행복했노라고, 우리 함께 있어 감사했노라고, 비 오는 날 쑥쑥 자라 누구 부럽지 않게 하늘에 닿고 싶은 마음, 그 마음 잊지 않겠다고, 언제 어디서고 하늘에서 내려오는 첫 이슬 마시며 금세 제 모양새를 찾는 그 정신 잊어버리지 않겠다고,

—〈갈대의 노래〉 중에서

우린 그렇게 살다 갈 것이다. 지금까지 산 것을 자신의 인생이라고 말 하면서, 더 이상은 감당할 수 없을 때 마침내 두 손을 들고 말 할 것이다. 석연치 않은 표정을 지으며, "그렇다고 그것이 내 삶의 진부는 아니었는데…"

—〈과거에 대한 토로〉 중에서

한 번 두드림에 금계사의 종이 울리고 두 번 두드림에 변산곶이 진동하는 흙에서 나와 흙으로 돌아가는 그들의 별이 오늘따라 기운차게 빛나고 있다.

—〈도공陶工의 별〉 중에서

살아온 세월을 이 끈 저 끈으로 수 없이 묶어 매달아 놓고 매듭이 어서 끊어지기만을 기다리고 계시는 나의 어머니, 하루에도 열두 번씩 긴 목숨을 조였다 풀었다 하며 목숨 줄에 가위질을 해대시는 나의 어머니, 연세 구순九旬의 아직은 덜 늙으신 나의 어머니.

—〈어머니〉 중에서

나는 나의 그림 속에 고통이 없는 미소 띤 환한 얼굴이 담겨지길 바랬다. 하지만 나는 하늘을 바라보며 쓴 웃음을 짓고 있는 외롭고 쓸쓸한 낯선 얼굴을 그려 넣고 말았다. 몇 번을 다시 그려도 나중의 얼굴은 처음의 얼굴을 가리지 못하였다.

—〈자화상〉 중에서

변산곶 너머에 펼쳐지는 아름다운 낙조와 출렁이는 파도가 눈에 선하다. 언제나 자연은 우리에게 다정한 친구가 되고 친절한 스승이 되고 있다. 자연은 우리를 좀 더 인간답게 하고 우리의 생生을 보람차게 한다, 우리는 조상으로부터 물려받은 우리의 자산인 변산곶 부안을 잘 관리하고 보전하여 자손만대에 훌륭한 인성 교육의 장場으로 조성해 나갈 필요가 있다고 생각한다.

이러한 점에서 나의 친구 정천靜天이 부안 애향 시집을 발간한 것은 큰 의미가 있다고 본다. 다시 한 번 그의 깊은 노고에 대하여 감사한다.

최상구 시집

변산곶 부안 고을

인 쇄 2021년 1월 20일
발 행 2021년 1월 23일

지은이 최상구
발행인 서정환
펴낸곳 신아출판사
주 소 전주시 완산구 공북1길 16
전 화 (063) 275-4000, 252-5633
팩 스 (063) 274-3131
이메일 sina321@hanmail.net essay321@hanmail.net
출판등록 제465-1984-000004호
인쇄·제본 신아출판사

ISBN 979-11-5605-865-6 03810

값 10,000원

Printed in KOREA